# Die Lernende Organisation als Grundlage einer entwicklungsfähigen Unternehmung

von

Gerald Lembke

Tectum Verlag
Marburg 2004

**Lembke, Gerald:**
Die Lernende Organisation als Grundlage einer entwicklungsfähigen Unternehmung
/ von Gerald Lembke
- Marburg : Tectum Verlag, 2004
ISBN 978-3-8288-8712-1

Tectum Verlag
Marburg 2004

*Meiner Mutter,*
*Ingrid Lembke*

# Inhaltsverzeichnis

# I. Verzeichnis der Abbildungen

## II. Prolog

Vor einiger Zeit hielt ich mich als Gast auf der Feier eines Kommilitonen auf. Im Verlauf des Abends kam ich mit einem anderen Gast in ein Gespräch. Von meiner Gesprächspartnerin wusste ich, dass sie als gelernte Sozialversicherungsfachangestellte in der Betriebskrankenkasse eines Konzerns in Hannover beschäftigt ist.

Ein Thema war das Problem der vorliegenden Arbeit. Das Thema schien meinen Gegenüber zu interessieren, trug es schließlich zu der im Folgenden rekonstruierten Diskussion bei:

*Gerald*: ... und schließlich, weißt Du, können Unternehmen heute nicht mehr geführt werden, wie es bisher praktiziert wurde!

*Anette*: Wieso nicht?

*Gerald*: Die unterliegen einem ständigen Wandelprozess bedingt durch den stetig wachsenden Wettbewerb, den wachsenden Umwelteinflüssen von Kunden und Konkurrenz.

*Anette*: Na ja, ist ja klar..., der Wettbewerb spielt schon eine größere Rolle als früher. Ich kenne das von VW in Wolfsburg, die diesbezüglich ein hartes Programm eingeführt haben. Das kann doch dann aber auch nicht das Wahre sein, wenn darunter das Personal und vor allem die Zulieferer zu leiden haben, wenn sie mit den neuen Anforderungen nicht zurecht kommen, oder?

*Gerald*: Eben, und gerade weil VW wider besseren Wissens gezeigt hat, dass Krisen scheinbar nur mit klassischen Methoden zu bewältigen sind, in Form eines "Alles-ist-Machbar-Konzeptes", heißt das doch, dass diese ganzen Konzepte, angefangen bei den Lean-Konzepten bis hin zum Re-Engineering, immer in der Beherrschbarkeit der Situation ihren Anfang finden.

*Anette*: Da müssen wahrscheinlich auch mal neue Ideen her, um Betriebe derart zu gestalten, dass es ihnen nicht immer nur eine Zeit lang gut geht; denn wenn von außen ein Problem kommt, kann ja nicht alles plötzlich umgeschmissen werden!? Ich sehe das ja in unserer Firma: Wenn ein Versicherter abspringt, ist gleich für große Aufregung gesorgt; dann wird die Schuld einmal quer durch den Konzern gegeben. Was soll denn nun die "Lernende Organisation" da besser machen?

*Gerald*: Die Lernende Organisation ist in kurzen Sätzen schwer zu beschreiben und hat bisher noch keine definitionsartige Bestimmung erfahren. Auf jeden Fall soll die Theorie nicht als ein weiteres neues Konzept von bekannter Organisationsentwicklung verstanden werden.

Vielmehr möchte die Lernende Organisation anregen, Strukturen und Kulturen eines Unternehmens derart umzugestalten, dass Unternehmen einen Prozess der aktiven Umweltauseinandersetzung anstreben, um daraus Krisen frühzeitiger wahrzunehmen und entsprechend zu handeln. Das Lernen in und insbesondere von Unternehmen spielt dabei eine wichtige Rolle.

*Anette*: ...hmm, klingt ja interessant, aber wie ich das in unserer Firma sehe, zweifele ich die Lernfähigkeit der sogenannten Manager, mit Verlaub, stark an. Was muss denn überhaupt getan werden, wenn da etwas verändert werden soll?

*Gerald*: Ein ziemlich komplexes Problem, dem sich meine Arbeit nähern möchte...

# 0    Einleitung

*"Ja mach nur einen Plan*
*Sei nur ein großes Licht!*
*Und mach dann noch 'nen zweiten Plan*
*Gehn tun sie beide nicht."*

**(Jonathan Jeremiah Peachum, Besitzer der Firma "Bettlers Freund",**
**in Bertolt Brechts Dreigroschenoper).**

Im Anschluss an den Prolog lässt sich die Ansicht Peachums auf eine immer noch existierende Unternehmensphilosophie beziehen, die auch in heutigen Zeiten wenig an Relevanz zu verlieren scheint: der Voraussehbarkeit, Planbarkeit und Machbarkeit von Problemlösungen.

Der Betriebswirtschaftslehre als ein Teil der Wirtschaftswissenschaften kommt die Aufgabe zu, sich mit dem Aufbau und den Abläufen in Betrieben zu beschäftigen und deren Gestaltungsmöglichkeiten zu untersuchen. Ihre wissenschaftlichen Erkenntnisse dienen denjenigen Unternehmen im Wertschöpfungsprozess, die von Krisen heimgesucht werden und unzeitgemäßen Führungskonzepten unterliegen.

Begriffe wie "Lean-Management", "Kaizen" oder "Kontinuierlicher Verbesserungsprozess (KVP)" sind Konzepte, die in irgend einer Art und Weise unter anderem Namen vielfältig benutzt und den heutigen Zeiten, gekennzeichnet durch steigende Anforderungen an die Unternehmen, angepasst werden. Vorwiegend handelt es sich bei diesen Konzepten um Entwicklungskonzepte für Betriebe insbesondere für größere Unternehmen.

Dem Konzept der "Lernenden Organisation" wird in der aktuellen Betriebswirtschaftslehre eine zunehmende Bedeutung für die Entwicklungsfähigkeit einer Organisation beigemessen. Dabei existieren zwei wichtige Aspekte, warum sich Unternehmen mit dem organisationalen Lernen beschäftigen: zum einen als Antwort auf den technologischen Wandel und zum anderen als eine alternative Form industrieller Organisation in einer durch große Unsicherheit gekennzeichneten Welt.

Struktur und Kultur vieler Unternehmen haben sich historisch in einer Umwelt entwickelt, die als überwiegend stabil und überschaubar angesehen werden konnte. Abgesehen von den weltweiten Umbrüchen und Turbulenzen wird besonders in Hinblick auf die Diskussion über die Qualität des Standortes Bundesrepublik Deutschland innerhalb der Schaffung des Europäischen Binnenmarktes die Frage nach notwendigen betriebswirtschaftlichen Untersuchungen aufgeworfen, sich mit neuen Produktions- und Managementformen auseinander zusetzen. Da es sich bei der derzeit gegebenen wirtschaftlichen Situation wohl kaum -wie bisher- um einen kurzfristigen konjunkturellen Einbruch, sondern mehr um langfristige Veränderungen handeln dürfte, wird es für die Unternehmen immer notwendiger, bereits frühzeitig und schnell antizipierend neue Überlegungen anzustellen, und nicht erst dann, wenn die Situation krisenhafte Formen annimmt.

Erschwerend wirkt dabei, dass für die Änderung von Unternehmensstruktur und-Kultur pauschale Erfolgsrezepte nicht existieren. Das Bekannt werden immer neuer Schlagwörter von "Management-Gurus" darf nicht darüber hinwegtäuschen, dass jedes Unternehmen aufgrund der Spezifikation seiner Kultur, seiner Struktur und seiner Belegschaft einen für die jeweilige Situation passenden Weg finden muss.

Neben unterschiedlichen Betrachtungsweisen von Menschen in einem Unternehmen ("buttom-up"; "top to down") ist es schwer abstreitbar, dass trotz zunehmender Arbeitsteilung, einer steigenden Mitverantwortung von Mitarbeitern und diversen Gruppenkonzepten (team-work, Total Quality Management) das Management die Schicksale einer Unternehmung entscheidend beeinflusst.[1] Spricht man von Entwicklung einer Unternehmung, hat das Management einen recht hohen Anteil am Prozess der Entwicklung einerseits sowie an den Konsequenzen andererseits. Aus diesem Grund erscheint es trotz einer oftmals gleichsetzenden Analogie gerechtfertigt, einen Großteil der Ergebnisse von Entwicklungsprozessen dem Management zuzuschreiben.

Aufgabe der vorliegenden Arbeit soll es sein, einen Einblick in das Konzept der "Lernenden Organisation" (LO) als eine Möglichkeit der entwicklungsfähigen Unternehmung zu geben. Entwicklung wird in diesem Zusammenhang vereinfacht als ein Prozess der Veränderung über einen bestimmten Zeitraum hinweg verstanden; im besonderen als eine Erhöhung des Problemlösungspotentials und der Handlungsmöglichkeiten von Organisationen. In diesem Zusammenhang ist trotz der schwer abstreitbaren Bedeutung des Managements der Betrachtungsschwerpunkt auf die Organisation zu lenken.

Die Konzeption der LO stellt besonders auf den Prozess von Unternehmensentwicklungen ab. Im Rahmen von Entwicklung wird dem organisationalen Lernkonzept die Prozesskomponente zugeschrieben. Eine Entwicklung als in diesem Sinn verstandener langfristig angelegter Prozess soll keine Reaktion auf aufgetauchte akute Probleme mehr sein.

Das erste Kapitel wendet sich zunächst einer allgemeinen Organisationstheorie zu, um einen verständlichen Hintergrund von Organisationen zu schaffen. In diesem Zusammenhang werden Entwicklungsstufen von Organisationen in ihrem zeitlichen Ablauf wiedergegeben.

---

1 vgl. hierzu diverse Beispiele in Günther Oggers "Nieten in Nadelstreifen".

Eine neuere Entwicklung der Organisationsbetrachtung ist der systemtheoretische Ansatz der Betriebswirtschaftslehre. Dieser Ansatz greift die bisherige Partialbetrachtung von Aufbau- und Ablauforganisation auf und spricht im Zusammenhang des "neuen" Organisationsverständnisses von Gesamtheiten; dies erscheint hilfreich zu sein, da gerade Lernprozesse, in einem organisationalen Verständnis, alle Bereiche einer Organisation erfassen. Aus diesem Grund wird diesem Ansatz das zweite Kapitel gewidmet.

In der Betriebswirtschaftslehre wird seit der Ölkrise in den 70er Jahren von einem Paradigmawechsel gesprochen (vgl. Mann 1993, S. 15).[2] Das Denken in Unternehmen und ihren Hierarchien verläuft im klassischen Sinn nach wie vor linear und scheinbar nicht immer problemorientiert. Vor diesem Hintergrund wird die Problematik des Wandels aufgegriffen (Kapitel 3) und skizziert, aus welchen Ursachen heraus die Forderung nach einem neuen Paradigma entsteht.

Dieser geforderte Paradigmawechsel wird geleitet von einem neuen Verständnis der Unternehmensumwelt. Unternehmerisches Handeln kann sich nicht mehr nur auf Kosten-Nutzen-Analysen beschränken. Die Organisation steht auch in besonderer Beziehung zu ihrer Umwelt. Dies hat auch Auswirkungen auf die Entwicklungskonzepte. Das vierte Kapitel geht auf bewährte Entwicklungstheorien der Organisationsentwicklung ein und entdeckt das Lernen als möglichen Ausgangspunkt von Entwicklungsprozessen. Neben den Zielen und einigen dargestellten Ansätzen wird anschließend diskutiert, inwieweit die Organisationsentwicklung als Grundlage einer entwicklungsfähigen Unternehmung dienen kann.

Anschließend greift Kapitel 5 das Phänomen "Lernen" intensiver auf und vermittelt eingangs einige Erkenntnisse aus der Lernbiologie, der Lernpsychologie sowie spezieller Lerntheorien. Das organisationale Lernen wirft nachfolgend die Frage nach Trägern von Lernprozessen auf. Entsprechend wird eine differenzierte Betrachtung von möglichen Lernträgern vorgenommen, um diesen anschließend unterschiedliche Lernniveaus zuzuordnen. Individuelles Lernen ist bekanntermaßen auch immer von einem individuellen Lernumfeld abhängig. Organisationales Lernen muss daher auch an einen organisationalen Rahmen gebunden sein, dessen Bedeutung aufgegriffen und herausgestellt werden soll.

Der organisationale Lernprozess wird Bestandteil des angesprochenen Paradigmawechsels. Entgegen der soziologischen Systemtheorie und auf betriebswirtschaftliche Organisationen übertragen, rückt dieser von der Offenheit zwischen Unternehmung und Umwelt ab, und fordert eine gewisse "Geschlossenheit" von Organisationen. Hieraus können Selbstbeobachtungen und Selbstbeschreibungen wachsen, die durch notwendige Kommunikationen organisationale Lernprozesse unterstützen können (Kapitel 6).

---

2  Das lineare Management "trivialer Systeme" soll abgelöst werden von einem kognitiven Handeln "nicht-trivialer Systeme". Unternehmen stehen stetig wachsenden Umweltveränderungen gegenüber, die sich im Umgang mit Kunden, Zulieferern und gesellschaftlichen Veränderungen äußern.

Abschließend werden die Erkenntnisse aus dieser Arbeit zusammengefasst sowie der Versuch unternommen, die Interdependenzen von organisationalen Lernen und dem Entwicklungspotential einer Unternehmung herauszustellen.

# 1 Organisationstheorien als Grundlage für Lernende Organisationen

## 1.1 Der Begriff der Organisation

Der Begriff der Organisation lässt sich - je nach Auffassung - aus der Kurzcharakteristik: (a) die Unternehmung *hat* eine Organisation und (b) die Unternehmung *ist* eine Organisation ableiten.

Zur Definition (a) kann einmal die funktionale Auffassung, wie sie von Gutenberg vertreten wird, gezählt werden (vgl. Gutenberg 1968, S. 233): Die Organisation ist danach Instrument; sie wird nicht selbst zum Problem. Während die Planung den Entwurf einer Ordnung[3] darstellt, soll die Organisation diese Ordnung, mittels fallweiser und genereller Regelungen, realisieren. Organisation stellt eine Leitungsaufgabe dar. Zentrales Prinzip ist das "Substitutionsgesetz der Organisation" (vgl. Ebenda, S. 238). Dieses "Gesetz" soll ein optimales Gleichgewicht herbeiführen, indem Freiräume, die zunächst aufgrund fallweiser Regelungen bestehen, durch grundsätzliche Regelungen eingeengt werden. Für die vorliegende Arbeit ist die im Substitutionsgesetz der Organisation angesprochene dynamische organisatorische Komponente von besonderem Interesse. Die Organisationsleitung lernt Freiräume, d.h. Komplexität, zu reduzieren, indem sie - aufgrund von Erfahrungen - generelle Regelungen erlässt, womit der Verhaltensspielraum der Organisationsmitglieder eingeengt wird. Das Verhalten der Organisationsmitglieder wird dadurch prognostizierbarer.

Der Charakter der Organisation als dienende instrumentale Funktion findet sich auch in der betriebswirtschaftlichen Organisationslehre im deutschsprachigen Raum wieder; prägnant vertreten von Kosiol, nach dem Organisieren als spezielle Strukturtechnik verstanden wird, mit Hilfe derer das Erreichen der Unternehmensziele ermöglicht werden soll. Dies geschieht durch Schaffung genereller Regelungen mit Dauercharakter, deren Summe das Organisationssystem bildet. Organisieren ist das integrative Strukturieren von Ganzheiten (vgl. Kosiol 1976, S.20). Hierdurch wird der Rahmen geschaffen, innerhalb dessen die Dispositionen vorzunehmen sind.[4]

---

3   Ordnung ist eine vom Beobachter wahrgenommene Regelmäßigkeit und Zuschreibbarkeit, wiederauffindbar in Mustern, die die sinnbezogenen Verhaltensmöglichkeiten beschränken, d.h. bestimmte Verhaltensweisen in Relationen zueinander setzen. (Vgl. Probst 1987, S.9).

4   Ausgangspunkt aller organisatorischen Überlegungen bildet dabei die *Aufgabe* als vororganisatorisches Datum. Durch ihre Analyse werden Teilaufgaben bestimmt, die dann, nach sg. Organisationsprinzipien, auf gedachte Aufgabenträger zu verteilen sind. Aus der derartig vollzogenen Stellenbildung werden dann größere Einheiten geschaffen, die Abteilungen, die dann wieder ihrerseits übergeordneten Einheiten zugeteilt werden. Die dazugehörigen Aufgaben der Leitung, Koordination und Kooperation werden dabei ebenso wie das Kommunikations- und Informationssystem nur noch deskriptiv behandelt.

Ein weiteres Kennzeichen dieser Organisationsauffassung ist die Trennung von Aufbau- und Ablauforganisation. Die Ausführungen zur Ablauforganisation (Prozess-Struktur) beziehen sich vorwiegend auf Prozesse aus dem operativen Bereich. Es werden Arbeitsgänge, Gangfolgen, Taktabstimmungen und deren organisatorische Lösungsansätze behandelt. Ansonsten stehen Fragen der *Aufbauorganisation* im Mittelpunkt. Ermöglicht wird diese Betrachtungsweise durch die Ausblendung von Raum und Zeit. Bei einer getrennten Untersuchung zwischen Aufbau- und Ablauforganisation ergeben sich allerdings Schwierigkeiten, da sie sich in der Regel einander bedingen.

Als ein wesentliches Kennzeichen kann festgehalten werden, dass die beschriebene Organisationsauffassung vorwiegend disziplinär orientiert ist. Dieses führt zu einem Fehlen expliziter Annahmen über menschliches Verhalten und dessen Determinanten, sowie über die sich daraus ergebenen Konsequenzen für die Zielwirkung organisatorischer Gestaltungsalternativen. Hinzu kommt, bedingt durch die Betonung des Dauercharakters organisatorischer Regelungen, eine vorwiegend statische Betrachtung der Organisation.

Durch die Definition (b), die Unternehmung *ist* eine Organisation, wird der Begriff der Organisation erweitert. Neben der begrifflichen Fassung der *Unternehmung als eine Organisation* wird die Unternehmung als spezifischer Organisationstyp verstanden, der sich von anderen sozialen Systemen durch Entstehung, Ziel- und Zwecksetzung, Art und Grund der Mitgliedschaft sowie der Qualität der Verhaltenserwartungen unterscheidet (vgl. hierzu Luhmann 1968).[5] Dagegen definiert Heinen als einer der wichtigen Vertreter der deutschsprachigen Betriebswirtschaftslehre in der Nachkriegszeit die Organisation als: *"Ein zeitgerechtes Sozialsystem, das Informationen gewinnt und verarbeitet."* (Vgl. Heinen 1972, S.49). Wichtigstes Merkmal der Organisation nach dieser Definition ist die Aufgabe der realitätsgerechten Annahmen über das Individual- und Gruppenverhalten sowie derer Determinanten. Dabei soll z.B. auf die Einbeziehung von Motivationsproblemen, Kriterien des Anspruchsniveaus, oder Konflikten der Macht hingewiesen werden.

Zeitgemäße Untersuchungen versuchen, die Definitionen, d.h. den Organisationsbegriff, in einer Art Synthese zu integrieren. Es werden dabei sowohl instrumentale als auch funktionale und institutionale Elemente der beiden Auffassungen übernommen. Hinzu kommt der komplexe Charakter der Organisation heraus, wenn z.B. Hans Ulrich im Rahmen des profunden Organisationsproblems von *einer "Mehrstufigkeit und Multidimensionalität"* spricht (vgl. Ulrich, H. 1970, S. 40 bzw. S. 222).

Zusätzlich ist der Organisationsbegriff um das Phänomen der Dynamik und Variabilität (d.h. der Verschiedenartigkeit u. Veränderlichkeit des Erscheinungsbil-

---

5   Das Auftreten Luhmanns an dieser Stelle zeigt, dass die Definition von Organisation auch im soziologischen deutschsprachigen Bereich diskutiert wird.

des durch Umwelteinflüsse) im Hinblick ihrer Entscheidungstatbestände zu erweitern.

Hoffmann fasst die genannten Aspekte zusammen und definiert die Organisation folgend (vgl. Hoffmann 1976, S. 64 f.):

> *"Die beiden Entwicklungsstufen, die Unternehmung hat und ist eine Organisation, können in einer Art Synthese verbunden werden. Organisation als Funktion stellt einen (Meta-) Entscheidungs- und Realisationsprozess zur Differenzierung und Integration von Aufgaben und Aufgabenträgern dar, dessen Ergebnis eine Struktur, d.h. ein relativ invariantes Beziehungsmuster als Mittel zur Reduktion von Unternehmensproblemen ist."*

Das grundsätzliche Anliegen der Organisationstheorie liegt nach Grochla in der Entwicklung begründeter Handlungsanweisungen bzw. Gestaltungsempfehlungen für die Organisationspraxis. Dabei existiert keine fest umrissene, einheitliche Organisationstheorie (vgl. Grochla 1980, S. 1796). In diesem Zusammenhang wird auf den Unterschied einer Gestaltungs- und Kunstlehre einerseits und der Betriebswirtschaftslehre (hier: Organisationstheorie) als theoretische Wissenschaft andererseits verwiesen.

## 1.2 Organisationsforschung und ihre Entwicklung

Das Problem der Organisationsforschung ist darin zu erkennen, einen grundsätzlich umfassenden Ansatz zu entwickeln, der die unterschiedlichen Organisationsauffassungen auf eine Ebene bringt (vgl. Ebenda). Entscheidender Faktor und Kern der Betrachtung ist der Mensch, der als Mitglied der Organisation den Mittelpunkt darstellt. Dies erscheint sinnvoll; besteht die Organisation nicht nur aus Maschinen, sondern im sozialen Sinne besonders aus den Menschen, die diese Organisation in entscheidenden Maße beeinflussen.

Die Grundfunktion der Organisation besteht in der zielgerichteten, dauerhaften Regelung der durch die Menschen bewirkten Aufgabenerfüllungsprozesse (vgl. Grochla 1980, S.1798). Die Zielausrichtung bildet den gemeinsamen Bezugspunkt für die Aktivitäten der Organisation. Ziele definieren gewünschte künftige Zustände für das System und können daher Kriterien für dessen Effizienz, Effektivität und Überlebensfähigkeit bilden.

Die Organisation ist im klassischen Sinn das Erklärungsobjekt der Betriebswirtschaftslehre. Für einen umfassenden Erklärungsansatz sind jedoch auch andere Disziplinen äußerst hilfreich wie z.B. Sozialwissenschaften. Generell erlangten dagegen in den Wirtschaftswissenschaften zwei interdisziplinäre Ansätze besondere Bedeutung (vgl. Hill; Fehlbaum; P. Ulrich 1994, S. 17): der *entscheidungstheoretische* und der *systemtheoretische Ansatz*.

Das zugrunde liegende Thema von Lernprozessen auf einer organisatorischen Ebene ist stark von den Erkenntnissen der Organisationsforschung abhängig. Im Besonderen können für umfassendere Erklärungen der verhaltenstheoretische und der systemtheoretische Ansatzes hinzugezogen werden.[6]

Nachdem der Begriff der Organisation beleuchtet wurde, erscheint es für ein weiteres Verständnis insbesondere des systemtheoretischen Ansatzes nötig, einen kurzen Überblick über die Erkenntnisse der Organisationsforschung zu geben welche in die klassische und die neoklassische Organisationstheorie untergliedert werden kann.

### 1.2.1 Klassische Organisationslehre

Die klassische Organisationslehre geht weitgehend von einer mechanistischen Systemkonzeption aus. Ein bedeutender Vertreter der Klassischen Organisationslehre zu Beginn des 19. Jahrhunderts ist Frederick *Taylor* mit seinem "Scientific Management", einem rein mechanistischem Abbild der Organisation. Eine mechanistische Konzeption findet sich auch bei *Fayol und Weber*, sowie dem faktortheoretischen Ansatz von *Erich Gutenberg* wieder. Einflüsse aus dem deutschsprachigen Bereich kommen von *Max Webers* Bürokratiemodell[7] und besonders von *Erich Kosiol.*[8]

Der mechanistische Ansatz wird durch das Bild geprägt, Menschen lediglich als Maschinen zu betrachten, welche analytisch berechenbar und von außen exakt zu steuern sind. Das Verhalten der Organisation als Ganzes wird aus dem Verhalten seiner Einzelteile erklärt. Ziel des Konzeptes ist es, die Organisation als ein auf Effizienz hin gesteuertes System zu sehen, welches durch eine optimale Gestaltung der Organisationsstruktur und der Arbeitstechnik verstanden werden soll.

---

6    Darüber hinaus werden dem betriebswirtschaftlich-pragmatischen Ansatz, dem entscheidungsorientierten Ansatz sowie dem informationssystemorientierten Ansatz ebenfalls eine große Bedeutung in der Organisationstheorie zugesprochen (vgl. systematische Darstellung organisationstheoretischer Ansätze in: Grochla 1980, S. 1800-1808). Für eine interdisziplinäre Betrachtung des Lernphänomens auf Organisationsebene sind die oben erwähnten Ansätze jedoch nicht weniger von Bedeutung.

7    Unter dem Bürokratiemodell werden i.a. die Gedanken Max Webers zur legalen Herrschaft angesehen, in denen eine systemische Beschreibung der konkreten Eigenschaften eines Systems - als Bürokratie bezeichnet - vorgenommen und (mit denen) durch die Herausarbeitung bestimmter Merkmale (Dimensionen) die Grundlage für den sg. "Dimensionalen Ansatz" zur Erfassung der Organisationsstruktur geschaffen wurde. (Vgl. dazu: Max Weber, 1972: Wirtschaft und Gesellschaft).

8    Vgl. Übersicht in: Kosiol 1976: Organisation der Unternehmung.

*"Es wird von einer technischen Rationalität ausgegangen, die Orga-*
*nisationen als Instrumente, als Mittel begreift, mit denen spezifische*
*Ziele erreicht werden sollen." (Vgl. Scott 1986, S. 92 ff.).*

Der Mensch wird instrumentalisiert und als Produktionsfaktor, als "economic
man" ("Humanmaschine"), behandelt, d.h. im theoretischen Grundverständnis
der Organisationen vernachlässigt. Der Betrachter kann zur der Ansicht kommen, es handele sich in der klassischen Organisationstheorie um eine *"Organi-*
*sation ohne Menschen".*

Die Aufgabe der Koordination aller organisationalen Instrumente wird vorwiegend durch eine Hierarchie (Management) übernommen, da angenommen wird,
dass diese Aufgabenträger zielkonform und konfliktfrei handeln. Sollte demnach
ein Konflikt in der Organisation auftreten, wird er von der hierarchisch höheren
Stelle "gelöst". Dieser aus der implizierten Annahme heraus, dass eine höhere
Stellung in der Hierarchie automatisch auch eine höhere fachliche Kompetenz
gewährleistet.

Veränderungen stellen für die eigentliche Unternehmensleitung, nach Gutenberg
der dispositive Faktor, kein eigentliches Führungsproblem dar. Veränderungsprozesse werden vom dispositiven Faktor durch ein Regelwerk gezielt beeinflusst und unterliegen seiner vollständigen Kontrolle. Ob eine Veränderung des
Systems notwendig ist oder nicht, hängt einzig und allein von der Hierarchieführung
rung ab. Eigendynamische Veränderungen werden zudem ausgeschlossen bzw.
müssen geradezu verhindert werden, da sie drohen, Unruhe in der Organisation
zu forcieren. Eine Optimierung von Effizienz steht außerdem immer über Veränderungsprozesse. Alle Handlungen zielen darauf ab, das System "stabil" zu
halten, d.h. das Funktionieren seiner Teile zu gewährleisten. So kommt Kieser
(1971, S. 242) bei einer wissenschaftstheoretischen Kritik der klassischen Organisationslehre zu der Feststellung, dass *"[...] bei der Charakterisierung der Auf-*
*gabenbestandteile die dynamischen Aspekte der Aufgabe weitgehend ausge-*
*klammert werden."* Auftretende Veränderungen in der Umwelt der Organisation
werden entweder ignoriert oder es müssen vorprogrammierte Verhaltensweisen
vorhanden sein, um reaktiv Störungen der Umwelt absorbieren zu können (vgl.
Rüegg 1989, S. 214).

Differenzierungen von (Teil-) Aufgaben werden in der klassischen Organisationstheorie nicht vorgenommen, gleichgültig ob diese als sicher oder unsicher,
als stark oder schwach strukturiert, kurz oder langfristig kontrollierbar anzuse-
hen sind (vgl. Ebenda). Eng hiermit verbunden erscheint die Klassifikation der
Umwelt.[9] Diese wird als Lieferant von Ressourcen betrachtet, die in einen vorher festgelegten Output umgewandelt werden.

---

9   Luhmann spricht hier von einer inneren Systemrationalität, die von einer Theorie kon-
    zipiert ist, die es erlaubt, die Systemumwelt zu vernachlässigen. (Vgl. hierzu: Luhmann
    1968, S. 38).

Ein mechanistisch konzipiertes System ist ein rein geschlossenes System, welches unflexibel ist und nur innerhalb einer stabilen Umwelt funktionieren kann. Es ist daher nicht in der Lage, innerhalb einer komplexen Umwelt auf Veränderungen zu reagieren, oder Wechselwirkungen zwischen System und Umwelt in Gang zu setzen (vgl. Klimecki et al. 1991, S.111). Für das organisationale Lernen bedeutet dies, dass ein Lernen in und von Organisationen faktisch zu keiner Bedeutung findet. Die unzureichende Geltung des Menschen in der Organisation schließt Lernbetrachtungen und Lernprozesse nahezu aus. Die nachfolgende Übersicht fasst die Merkmale klassischer Organisationstheorie stichpunktartig noch einmal zusammen.

**Abbildung 1: Merkmale mechanistischer Systeme**

- ☞ Mensch als Produktionsfaktor
- ☞ Unterstellung einer stabilen Umwelt
- ☞ Ausklammerung dynamischer Aspekte
- ☞ Keine Differenzierung von (Teil-) Aufgaben
- ☞ Klassifikation der Umwelt
- ☞ Lernphänomen unbedeutend

*Quelle: Verfasser*

### 1.2.2 Neoklassische Organisationstheorie

Die neoklassische Organisationstheorie ist gekennzeichnet durch eine Partialbetrachtung. Die groben Zusammenhänge von Organisationen werden detaillierter auf ihre Einzelbestandteile hin untersucht.

Neu ist in diesem Zusammenhang die "informelle Organisation", die Mayntz als einen Komplex definiert von *"formell nicht geplanten und beabsichtigten sozialen Abläufen und Phänomenen, die aus der Tatsache entstehen, dass die Betriebsangehörigen soziale Wesen sind und in ihrem Verhalten nicht nur von den Anforderungen der Betriebsleitung, sondern auch von ihrer Herkunft, ihren Sitten, Wünschen und Erwartungen bestimmt werden."* (Vgl. Mayntz 1963, S. 13).

Die Tatsache, dass Menschen soziale Wesen sind, Fehler begehen oder gegen Anweisungen verstoßen, ist keine neue Erkenntnisse. Neu ist jedoch, dass derartige Abweichungen einer formalen Sollordnung gegeben durch soziale Normen gehorchen bzw. Erwartungen entsprechen, deren Einhaltung mittels informeller

Sanktionen gewährleistet und generalisiert wird. Die klassische Organisationstheorie verdammt diese Erscheinungen als abweichendes Verhalten.

Von großer Bedeutung ist die Anschauung, dass die Motivation des Organisationsmitgliedes mittels monetärer Anreize nicht mehr als gesichert angesehen werden kann. Zunehmende Berücksichtigung erfahren zusätzliche Werte wie Motivation, Zufriedenheit und Zweck einer Mitgliedschaft als dynamische Variablen. Als repräsentativen Vertreter dieser Erkenntnis ist *Maslow* zu nennen, der die kollektiven menschlichen Bedürfnisse in ein hierarchisches Muster einordnet (vgl. Maslow 1954, S. 80ff.).

Die Struktur dieser Motive lässt sich mit Hilfe einer Bedürfnis-Pyramide kennzeichnen[10]: Obere Bedürfnisse bauen auf unteren Bedürfnisse auf, d.h. höher priorität Bedürfnisse entstehen aus unter prioritären Bedürfnissen. Die Basis bilden physiologische Bedürfnisse und Schutzbedürfnisse. Die nächste Stufe repräsentiert Ich-bezogene Bedürfnisse, wie den Wunsch nach Anerkennung, Status und Autorität. Die Spitze kennzeichnet das Streben nach Selbstverwirklichung. Die Arbeitsmotivation hängt also nicht mehr nur allein von der jeweiligen Entlohnung ab, sondern wird erst durch die in der Bedürfnispyramide höher angesiedelten Antriebe und deren Befriedigungsmöglichkeit geweckt und befriedigt.

Maslow wird in der Literatur neben anderen (z.B. Bales oder Lewin[11]) als einer der führenden Wissenschaftler verhaltenswissenschaftlich- orientierter Betriebswirtschaftslehre benannt.

Ein deutscher Vertreter des verhaltensorientierten Ansatzes ist *Schanz*, der dazu beigetragen hat, die mechanistisch orientierte Betriebswirtschaftslehre in Hinblick auf die Sozial- und Verhaltenswissenschaften zu öffnen (vgl. Schanz 1977).

Zu den Untersuchungsgegenständen gehören z.B. Leistungsmotivation, Führung, Arbeitszufriedenheit u.a. Die verhaltenswissenschaftliche Betriebswirtschaftslehre versucht unter Aufgabe des Rationalprinzips das tatsächliche Entscheidungsverhalten von Einzelpersonen und Organisationen mit Hilfe der Erkenntnisse der Verhaltenswissenschaften, d.h. den auf Erklärung des menschlichen Verhaltens gerichteten Sozialwissenschaften wie der Psychologie, der Sozialpsychologie und der Soziologie in vereinfachten Modellen zu erfassen. Sie befasst sich einerseits mit dem Verhalten von Organisationen, andererseits mit

---

10  Dieses recht vereinfachte Schema gehört zum Instrumentarium der Neoklassik. Gleichzeitig wird das von der Neoklassik aufgestoßene Problemfeld sichtbar: es ist modernisierungsbedürftig, da es auf dieser streng aufeinander gebauten Hierarchie nicht mehr aktuell ist. Die Neoklassiker behaupten jedoch, dass die in der Pyramide benannten Faktoren - zumindest überwiegend - menschliche Unzufriedenheit vermeiden.

11  vgl. R.F. Bales: Personality and interpersonal behavior. New York 1970 sowie Kurt Lewin: Resolving Social Conflicts: Selected Papers on Group Dynamics. New York 1948

dem Verhalten von Mitgliedern dieser Organisationen, das sich unter den gesetzten organisatorischen Bedingungen vollzieht (vgl. Grochla 1976, S. 130.).

Die besondere Bedeutung sozialer Beziehungen und individueller Merkmale der Organisationsmitglieder für deren Arbeitsleistung erkannten neben anderen *Mayo, Roethlisberger und Dickson*[12]. Sowohl deren als auch darauf aufbauende Erkenntnisse führten zu *"[...] einer Änderung des Menschenbildes vom reinen Funktionsträger des 'Scientific-Management' zur sozio-emotionalen Person".* (Vgl. Grochla 1980, S.1802).[13]

Weitere organisatorische Forderungen der *Neoklassiker* sind ein hoher Delegationsgrad, ein hohes Maß an Partizipation, wenig strukturierte, vertikale und laterale Kommunikationskanäle und eine gleichmäßige Machtverteilung (vgl. Ebenda). Repräsentative Ausprägungen von Organisationen sind nach Vorstellungen der Neoklassiker Mc Gregors "Theorie Y"[14] und Likerts "Partizipationsmodell", die eine sozialpsychologische Sichtweise einnehmen.

Prinzipiell ist festzuhalten, dass konservative Organisationstheorien, und damit die für das Funktionieren wesentlichen Führungsstrategien, gekennzeichnet sind durch die *Hierarchie* als Ordnungs- und Entscheidungsstruktur, rational-analytische Entscheidungs- und Kontrollinstrumente und eine hochspezialisierte und formal geregelte Arbeitsteilung.

Obwohl in der Neoklassik der Mensch (unter Berücksichtigung seiner komplexen Bedürfnisstrukturen) als wesentlicher Bestandteil von Organisationen erkannt wird, unterliegt diese Sichtweise nach wie vor einer gewissen Starre. Allein schon die Vorstellungen von ausschließlicher oder beschränkter "Top-Down-" Kommunikation ließe ein organisationales Lernen nur beschränkt zu.

Dennoch findet durch die verstärkte Berücksichtigung des Menschen im Organisationsgefüge eine für das organisationale Lernen positive Entwicklung statt. Insbesondere die "weichen" Faktoren, wie menschliches Verhalten oder Arbeitsmotivation lassen sich als charakteristische Entwicklungsstufen herausstellen.

---

12  vgl. Mayo, E.: The human Problems of an Industrial Civilization. New York 1933 sowie Roethlisberger, F.J. / Dickson, W.J.: Management and the Worker. 9. Aufl. Cambridge, Mass. 1939

13  Mit der Diagnose und bewussten Veränderung von Verhaltensweisen von Individuen und Organisationen befassen sich die Arbeiten zum Planed Organizational Change und zum Organizational Development.

14  Mc Gregor beschäftigte sich insbesondere mit Führungsfragen im Zusammenhang mit einem geänderten Menschenbild ("Theorie Y") gegenüber den Menschenbildern früherer Ansätze ("Theorie X"). (Grochla 1980, S. 1804)

## 2 Der systemtheoretische Ansatz als Weiterentwicklung der Organisationsbetrachtung

### 2.1 Ganzheitlichkeit und System

Der bisher dargestellte Überblick über der Organisationsforschung geht von dem "Machbarkeits-Konzept" aus. Der Mensch als wichtiger Bestandteil der Unternehmung wird dabei nur für die Zielerreichung der Unternehmung berücksichtigt. Die tayloristische Betrachtungsweise vom Maschinensystem erfährt allerdings durch die Aussage Taylors "In the past the man has been first; in the future the system must be first" (Taylor 1919, S. 65) eine einschneidende Neuerung.

Die Organisation wird nicht mehr nur als Zusammenschluss organisierter Arbeit und Menschen beschrieben, sondern sie wird einer ganzheitlichen Betrachtungsweise beider bisher getrennten Teilbereiche unterzogen.[15] Diese Ganzheitlichkeit bezieht den Menschen als wichtiges Betrachtungsobjekt ein, so dass in der Entwicklung der Organisationstheorie von der ganzheitlichen Betrachtungsweise bzw. auf Organisationen bezogen von Systemen gesprochen werden kann.

Ackhoff beschrieb in den 60er Jahren die Organisation als ein *System*, indem er bemerkte:

> *"Systems are not fundamentally mechanical, chemical, biological, psychological, social, economic, political or ethical. These are merely different ways of looking at such systems."*
>
> *(Vgl. Ackoff 1961, S. 37).*

In den achtziger Jahren entwickelte sich im deutschsprachigen Raum auf der Grundlage von Parsons' "Die eigenständige Bedeutung des Systems" die sog. *"Neuere Systemtheorie"*, mit dessen Entstehung und Verbreitung besonders Niklas Luhmann verbunden ist.[16] Einen wichtigen Stellenwert bekommt Luhmanns Theorie der *"Sozialen Systeme"*.

Ausgangspunkt der "neueren Systemtheorie" ist vor allem die Biologie (von Bertalanffy) und die *Kybernetik*[17] (Wiener). Dieser Ganzheitlichkeitsbetrachtung der Systemtheorie liegt das Prinzip zugrunde,

---

15 Vgl. Willke (1994), S. 166.

16 Hier sind u.a. seine Werke "Soziale Systeme" (1987) oder "Zweckbegriff und Systemrationalität" (1973) zu nennen.

17 Die Kybernetik ist eine von N. Wiener mit seinem Werk "Kybernetik" 1948 begründete Wissenschaft von *dynamischen Systemen*, d. h. Systemen, deren Bestandteile in funktionalen Beziehungen zueinander stehen und auf Einwirkungen von außerhalb des Systems *(Informationen)* reagieren *(kybernetische Systeme)*. *(Vgl. Meyers Lexikonverlag)*.

*"[...] ein gegebenes Erfahrungsobjekt in seinem genuin unversehrten
strukturellen Zusammenhang zu betrachten. Charakteristisch für diese
Perspektive ist die Aussage:
'Das Ganze ist mehr als die Summe seiner Teile'."
(Vgl. Grochla 1980, S. 2206.*[18]

Der Begriff "Systemtheorie" wird in der Literatur hingegen uneinheitlich ver-
wendet. Oft wird er dabei als Sammelbegriff aller Disziplinen gebraucht, die
sich in irgendeiner Weise mit Systemen beschäftigen. Als Ausgangspunkt jeder
systemtheoretischen Betrachtung wird die Differenz von System und Umwelt
herausgestellt (vgl. Luhmann 1991, S. 35). Hinsichtlich einer Definition des Be-
griffes "System" werden im soziologischen Bereich als die zentralen Elemente
nicht die Menschen gesehen, sondern deren Handlungen. Soziale Systeme bestehen in diesem Zusammenhang nicht aus konkreten Menschen, sondern aus
Kommunikation (vgl. Willke 1993, S. 44). Die systemische Sichtweise nach
Luhmann und Willke hat demnach in ihrem Kern die Vernetzung von Kommunikation (Entscheidungen) im Blickfeld.[19]

Im Folgenden soll aus der ganzheitlichen Sichtweise die Bedeutsamkeit einer
systemischen Denkweise vertieft werden. Dazu erscheint es notwendig, Merkmale einer systemtheoretischen Sichtweise herauszuarbeiten.

---

18  Zum Verhältnis vom "Teil zum Ganzen" siehe i.S. Willke 1993, S.143-177). Kurz zur
    Historie: Der Biologe Ludwig von Bertalanffy schuf aus der Kritik heraus, dass das
    "Ganze" lediglich das Wesen organischer Gebilde, nicht aber seine Verhaltensweise er-
    klären kann, den Begriff des Systems. Durch den Ausbau des Systemgedankens entwik-
    kelten sich erste Ansätze zu einer allgemeinen Systemtheorie. Die Anfänge systemtheo-
    retischen Denkens schufen gegen Ende der 40er Jahre neben von Bertalanffy Shannon
    und Weaver als Entwickler der Informationstheorie sowie N. Wiener. Die verschiedenen
    Richtungen der Betrachtungsweise mündeten in den Komplex der Systemtheorie und
    Kybernetik, welcher von Ashby in seinem system-kybernetischen Konzept zu Beginn
    der 50er Jahre beschrieben wurde. Bei der praktischen Anwendung erweist sich die Ky-
    bernetik, die sich als Teilgebiet der allgemeinen Systemtheorie schwerpunktmäßig mit
    zielorientierten, dynamischen Systemen befasst, als eine übergeordnete Disziplin, die
    nützliche Anregungen zur Lösung von Gestaltungsproblemen geben kann.

19  Auf die Bedeutung der Kommunikation bezieht sich Kapitel 6.4.

## 2.2 Merkmale systemtheoretischen Denkens

Als wichtiges Kennzeichen eines Systems wird der ganzheitliche Zusammenhang von Dingen, Vorgängen und Teilen verstanden, wobei das Wesen der einzelnen Bestandteile vom übergeordneten Ganzen her bestimmt wird. Der aus der Kybernetik stammende Satz "Das Ganze ist mehr als die Summe seiner Teile" beschreibt eine noch ungewohnte Qualität. Das "Ganze" bekommt eine andere (höhere) Qualität als die aggregierten Teile. Die neue Qualität entsteht durch die zahlreichen Kommunikationen zwischen diesen einzelnen Teilen.

Ein System respektive eine Organisation besteht aus einem übergeordneten System (Supersystem), dessen Bestandteile Subsysteme sind, welche wiederum aus Elementen bestehen, die durch Relationen verbunden sind (vgl. Abbildung 2). Die Menge der Relationen zwischen den Elementen ist die *Struktur*. Die Ordnung bzw. die Struktur der Elemente eines Systems ist i.S. der Systemtheorie seine Organisation. Die Begriffe Organisation und Struktur sind demzufolge identisch.

**Abbildung 2: Allgemeine Darstellung eines Systems**

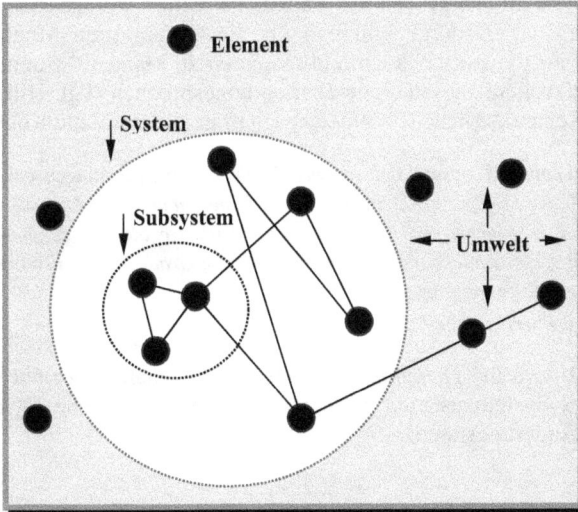

*Quelle: Leicht verändert aus: Hill et al. (1994) S. 22*

Ein System wird differenziert zwischen einem *offenen* und einem *geschlossenen* System: Ein offenes System ist dadurch gekennzeichnet, dass mindestens ein Element des Systems in Wechselwirkungen zu anderen Elementen eines anderen Systems besteht. Dies könnte z.b. eine Interaktion zwischen einem Organisationsmitglied und seiner unmittelbaren Umwelt sein, wobei unter dem Begriff der *Umwelt* die Gesamtheit der Faktoren verstanden wird, die auf einen Organismus von außen einwirken und ihn beeinflussen. Bei einem in sich geschlossenen System existieren diese Wechselwirkungen zwischen verschiedenen Systemen nicht. Interaktionen zwischen einem Systemmitglied und seiner Umwelt finden nicht statt.

Zum *Supersystem*, in das ein organisiertes System eingebettet ist, bestehen wechselseitige Beziehungen (z.b. zu Lieferanten etc.) und Beeinflussungen (Technologien). Organisierte Systeme können deshalb als offene Systeme in Bezug auf ihre Umwelt interpretiert werden.[20] Die *Offenheit* stellt in der Organisationsforschung einen Fortschritt dar, indem sie nicht als Interaktion von Elementen in einem Subsystem, sondern auch als Offenheit zu anderen Systemen wie z.b. der äußeren Umwelt verstanden wird.

Für die Begründung von systemtheoretischen Betrachtungen bedeutet dies, dass die Offenheit, die Komplexität und die Dynamik betriebswirtschaftlicher Organisationssysteme, die lange Zeit nur statisch betrachtet wurden, nun ganz in den Blickpunkt rücken. Dadurch kommen für die Organisation Möglichkeiten in Betracht, auf ihr dynamisches Umfeld reagieren zu können.[21] Somit sind neben der Offenheit weitere Systemeigenschaften angesprochen (vgl. Hill et al. 1994, S. 21f.). Eine charakterliche Systemeigenschaft ist die erwähnte Komplexität:

> *"Komplexität bezieht sich auf den Reichtum an Beziehungen innerhalb des Systems sowie zwischen dem System und seiner Umwelt. In sozialen Systemen drückt sich die Komplexität vor allem in der Intensität der Kommunikationsbeziehungen und im Grad der Arbeitsteilung (Spezialisierung) aus."*
>
> *(Vgl. Ebenda, S. 22 f.).*

Anschließend wird die *Dynamik* hervorgehoben. Dynamik bezieht sich auf die Änderung des Systemzustands in seiner Zeitdimension: hohe Dynamiken bedeuten hohe Änderungsraten.

---

20  vgl. zu "offenen" Systemen: Fuchs, Herbert (1973) / Grochla, Erwin und Norbert Szyperski (Hrsg.): Systemtheorie und Organisation: Die Theorie offener Systeme als Grundlage zur Erforschung und Gestaltung betrieblicher Systeme.

21  In vielen Werken, die sich mit dem Problem von Unternehmung und Umwelt auseinandersetzen, wird der Begriff der Anpassung benutzt, was bedeutet, dass die Unternehmung sich den wechselnden Umweltveränderungen anzupassen hätte, um eine Krise bestehen zu können. Im Rahmen der Organisationsentwicklung (Kap. 4) soll die Möglichkeit alternativen Verhaltens, d.h. "Nicht-Anpassungsverhalten" aufgezeigt werden.

*"Das Ausmaß der Dynamik der Systemprozesse hängt zu einem gro-
ßen Teil von der Dynamik der Umwelt sowie von der Offenheit des Systems gegenüber dieser Umwelt ab."*
*(Vgl. Ebenda, S. 23).*

Die Systemtheorie beschreibt in ihren Erklärungsansätzen zusammengefasst
zwei Schwerpunkte: Zum einen wird ein System als ein komplexes System in
einer komplexen Umwelt beschrieben, was die Forderung nach Offenheit nach
sich zieht. Dem gegenüber werden Systeme auch als in sich geschlossene Systeme beschrieben.[22]

Eine Lernende Organisation (LO) lebt von der Komplexität und der Umweltdynamik, welche den Ausgangspunkt ihrer Handlungen bilden. Lineares Ursache-
Wirkungs- Denken kann diese Relationen nicht in hinreichenden Maße beschreiben, da die Beziehungen zwischen System, Subsystemen und Elementen
derart zahlreich sind, dass sie durch triviale Analyse- Handlungs- Konzepte
nicht mehr erklärt werden können.

Das Denken in Zusammenhängen kann erstens verhindern, dass ein Teil für das
Ganze angesehen bzw. von der Veränderung eines Teils linear auf die Veränderung des Ganzen geschlossen wird. Zweitens erkennt die Systemtheorie, dass einerseits zwar alles mit allem "irgendwie" zusammenhängt, andererseits führt
dies dazu, nicht danach zu fragen, *welche* Teile zusammenhängen, sondern *wie*
diese Teile unterschiedlicher Systemebenen zusammenhängen. Ergebnis ist, dass
der Zusammenhang zwischen Systemen unterschiedlicher Ebenen nicht einfach,
linear und kausal ist, sondern diskontinuierlich, non-linear, konterintuitiv (i.S.
von nicht erahnbar) und irreversibel (nicht umkehrbar). Das heißt, entgegen den
Methoden der Naturwissenschaften gibt es keine klaren isolierbaren Ursache-
Wirkungs-Zusammenhänge.

---

22   Für den weiteren Verlauf dieser Arbeit wollen wir uns weniger der einen noch der anderen Sichtweise annehmen. Die Problematik, die damit verbunden ist, wird bezüglich der
"Operativen Geschlossenheit" an späterer Stelle ausführlicher aufgegriffen (siehe Kap.
6.1, S.87 f.). Es soll an dieser Stelle daher der Vorschlag gemacht werden, Systeme zunächst als quasi-offene Systeme zu betrachten. Die Wechselwirkung der Unternehmung
zu ihrer Umwelt bleibt betont. Doch eine vollständige Offenheit kann dazu führen, dass
Systeme dem Umweltrauschen (Luhmann), d.h. der Menge an existierenden Signalen
und Informationen, unterliegt, welche in der vorhandenen Quantität und Qualität nicht
verarbeitet werden können.

Ein systemtheoretisches Denken zeigt folgende Zusammenhänge auf:

Abbildung 3: Merkmale systemischen Denkens

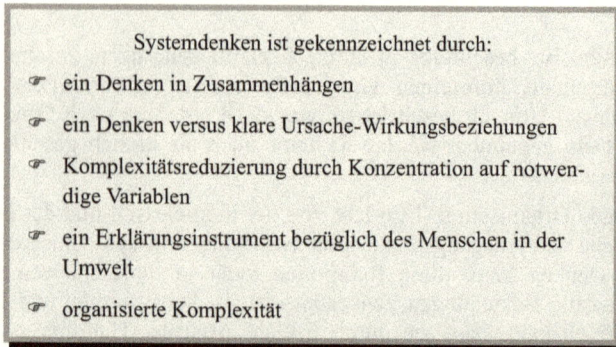

Systemdenken ist gekennzeichnet durch:

☞ ein Denken in Zusammenhängen

☞ ein Denken versus klare Ursache-Wirkungsbeziehungen

☞ Komplexitätsreduzierung durch Konzentration auf notwendige Variablen

☞ ein Erklärungsinstrument bezüglich des Menschen in der Umwelt

☞ organisierte Komplexität

*Quelle: In Anlehnung an: Willke 1993, S. 220-227*

Aufgrund der zahlreichen Beziehungen in einer Organisation kann systemorientiertes Denken dazu beitragen, Komplexität zu reduzieren. Ergebnisse werden nicht an wenigen Variablen gemessen, sondern es wird zunächst hinterfragt, *welche* Variablen, Faktoren und Komponenten überhaupt für das System relevant sind. Mit diesen lassen sich weitere Aussagen über das System insgesamt erfassen.

Teile oder Prozesse eines Systems sollen in Zusammenhang mit ihren unterschiedlichen Realitäten, d.h. der Art und Weise wie sie sich in dem Gesamtsystem darstellen, sowie deren Anteil an Interaktionen im Systemzusammenhang untersucht werden.[23]

Der besondere Reiz des Systemdenkens ist das Phänomen der *organisierten Komplexität*.[24] Diese Komplexität übertragen auf das organisatorische Lernpro-

---

23 Willke weist hierbei auf die Trivialität dieser Aussage hin, indem er u.a. auf Misserfolge in der Medizin (Krebsforschung) oder der Biologie hinweist. So wird seiner Ansicht nach die Untersuchung komplexer Systeme Mensch-in-Umwelten auf bio-chemische Prozesse reduziert, ohne Systemzusammenhänge dabei zu berücksichtigen. Ein menschliches Krankheitssyndrom wird auf mögliche Erreger in dessen Organismus untersucht, nicht aber in dessen Umfeld respektive der Umwelt des erkrankten Menschen. Als Stichwort ließen sich sicher neben vielen anderen z.B. psychische Krankheiten anführen.

24 Als Sozialwissenschaftler der Universität Bielefeld sieht Willke hier insbesondere die Herausforderung, für die sozialwissenschaftlichen und den naturwissenschaftlichen Fakultäten *"[...] ein neues Instrumentarium für die Analyse zu entwickeln [...]. Und gerade dies ermöglicht und erfordert neue Formen der transdisziplinären Zusammenarbeit, wie sie beispielhaft der Entstehung und Weiterentwicklung der Allgemeinen Systemtheorie zugrunde liegt. "* (vgl. Ebenda, S.223f.).

blem stellt die Frage, wie in einem komplexen Gebilde (Unternehmung) mitten in einer (ausgeprägten) komplexen Umwelt eine neue Ordnung geschaffen wird. Die sozialwissenschaftliche Disziplin greift das Problem der Komplexität und der Ordnung gleichermaßen auf. Vor diesem Hintergrund verweist Willke auf ein weiteres Merkmal systemtheoretischen Denkens: Auf die Dringlichkeit des Bruchs mit einer reinen wissenschaftlichen Theorie von einfachen Kausalitäten und Gesetzmäßigkeiten (vgl. Willke 1993, S. 224). Dabei interessieren weniger die Voraussagen künftigen Verhaltens im Detail, sondern die Voraussage von Verhaltensmustern, Funktionszusammenhängen und Entwicklungslinien. *"Grundlage einer solchen Theorie kann dann nicht mehr nur die Logik von Ursache-Wirkungs-Kausalitäten sein, sondern darüber hinaus zusätzlich die Logik komplexer Systeme."* (Vgl. Ebenda).

Vor diesem Hintergrund stellt die ganzheitliche Betrachtung von internen organisatorischen Zusammenhängen einerseits und die externen Beziehungen andererseits einen breiten Grundstock für die Erklärung Lernender Organisationen. Insbesondere die Reduzierung von Komplexität kann viel für eine Weiterentwicklung einer Unternehmung beitragen, indem Komplexitätsreduzierung hinsichtlich der Schaffung einer neuen Ordnung unabdingbar ist. Der Systemtheoretische Ansatz ist des weiteren eine Weiterentwicklung von der klassischen und der neoklassischen Organisationstheorie, da sie den Menschen mehr als nur im Mittelpunkt der Organisation versteht. Der Mensch ist ein Element des Systems in seinem Umsystem. Er ist also neben seiner Mitgliedschaft in der Unternehmung auch Mitglied der Unternehmensumwelt, d.h. der Gesellschaft. Die vielfältigen Beziehungen des Menschen zu seiner individuellen Umwelt haben auch Einfluss auf sein Wahrnehmungs- und Lernverhalten. Dies muss konsequenterweise rückwirkend auch Einfluss auf das System haben.

Der systemtheoretische Ansatz ist in der Diskussion jedoch nicht unumstritten. Für das Grundverständnis einer LO ist er jedoch hilfreich.

## 2.3 Systemisches Denken als Grundverständnis einer Lernenden Organisation

Kritiker führen das Argument der Praxisferne bzw. das Problem möglicher Transformationsprozesse an. Die im Laufe der Organisationsentwicklung zu betrachtenden Bereiche in der Organisation und besonders außerhalb der Organisation (=Umwelt) haben sich vervielfacht, so dass eine monodisziplinäre Analyse von Organisationen nur unzulänglich gerecht werden kann.[25] Auch das vorliegende Thema erfordert neben den (schwerpunktmäßigen) betriebswirtschaftlichen Betrachtungen Kenntnisse aus anderen Bereichen (Psychologie, Biologie,

---

25  Die in der Literatur zunehmende Heranziehung systemtheoretischer Überlegungen zeigt die steigende Beachtung und Relevanz in der Betriebswirtschaftslehre.

Sozialwissenschaft), ohne die eine umfassende Abhandlung des gewählten Themas nicht genügend erscheinen würde.[26]

Willke verdeutlicht die Notwendigkeit einer systemischen Betrachtungsweise (1994, S. 5 f.): Am Beispiel der Entwicklungsgeschichte des Autos wird skizziert, dass vor hundert Jahren die Entwicklung einschließlich der Produktion und das Verkaufen des Autos im Brennpunkt organisatorischen Handels stand. Das Denken in "Maschinenmodellen" herrschte traditionell vor. Die im Maschinenmodell steckende "Wenn-Dann-Logik" und "Um-zu-Mechanik" war aufgrund ihrer breiten Erfolgsquote wichtigste Handlungsmaxime. Im 19. Jahrhundert schien es zu genügen, einfache organisatorische Zusammenhänge durch einfache Gesetzmäßigkeiten zu erklären. Die Betrachtungsweise dehnte sich aufgrund der Massenproduktion des 20. Jahrhunderts derartig aus, dass es nicht mehr primär darum ging, nur produzieren zu können, sondern die Organisation stand zunehmend vor komplexen Zusammenhängen von natürlichen, technologischen und sozialen Prozessen. Dabei seien die Probleme von nicht beabsichtigten Nebenproduktionseffekten bzw. negativen externen Effekten, z.B. der zunehmenden Umweltbelastung durch verschiedenartige Emissionen in den Vordergrund gestellt.

Wie oben aufgezeigt, stellt der systemische Ansatz auf einer generalisierten Ebene die Aufgaben und die organisatorischen Regeln auf die Umwelt eines sozio-technischen Systems besonders dar.

> *"Die Systemtheorie (einschließlich der Kybernetik) stellt die Frage, was eigentlich das Gemeinsame an dynamischen, komplexen Ganzheiten ist, die in ihren konkreten Ausprägungen, wie sie von einzelnen wissenschaftlichen Disziplinen erfasst werden, ganz unterschiedlich erscheinen, wie sich solche Systeme verhalten und sie 'überleben' können. Auf dieser disziplinübergreifenden Ebene entwickelt sich ein begriffliches Instrumentarium zur Bezeichnung solcher Phänomene und eine 'systemische' Denkweise, die sukzessive zu einer lernbaren 'Systemmethodik' führt." (Vgl. Ulrich, P. et al. 1991, S. 11).*

In der Realität existieren verschieden auftretende organisatorische Gebilde, bestehend aus menschlichen und/oder maschinellen Elementen. Zwischen ihnen kann im einzelnen unter "Mensch-Systemen", "Maschine-Systemen" und "Mensch-Maschine-Systemen" unterschieden werden (vgl. Grochla 1976: "Organisationstheorie"). Die "Mensch-Systeme" sind primärer Untersuchungsge-

---

26  Zur Diskussion von pro und contra systemischer Argumentation vgl. z.B. die theoretische Bedeutsamkeit auf die praxisorientierten Ergebnisse des "Club of Rome" aus dem Jahr 1972. Im Rahmen der Beschreibung von Lernphänomenen in Organisationen ist die systemische Argumentation zwar dringend notwendig, jedoch um so schwerer durchsetzbar. Gründe dafür können in der mangelnden Akzeptanz des Managements zu außerbetriebswirtschaftlichen Argumenten liegen, des "Festgefahrensein" der Organisationsleitung.

genstand der soziologischen, psychologischen bzw. sozialpsychologischen Disziplinen, während hingegen die "Maschinen-Systeme" primär von den Ingenieurwissenschaften erforscht werden.

Jedes Modell ist Forschungsgegenstand seiner eigenen Disziplin und untersucht mit nur bedarfsweisen Übergängen zu benachbarten oder zur Untersuchung notwendigen Disziplinen ansatzweise interdisziplinär (vgl. Ebenda). Die Analyse von "Mensch-Maschine-Systemen" schlägt dabei diese Brücke, indem sie dieses Modell als komplexes Modell versteht und seine Eigenschaften und Verhaltensweisen auf Grund der Vielzahl und der unterschiedlichen Art der es konstituierenden Elemente nicht nur aus der Sicht einer speziellen Disziplin erklären kann.

Es stellt sich an dieser Stelle die Frage, ob eine derartig umfassende Organisations-Theorie durch Integration von Einzeltheorien oder auf der Basis interdisziplinärer Ansätze konzipiert werden kann. Mit der Beantwortung dieser Frage beschäftigt sich die *Kybernetik*, Systemforschung bzw. die Systemtheorie. (Vgl. Grochla 1976 und Ulrich, P. et al. 1991).[27]

So zeigt auch das Wandelproblem (vgl. Kap.3) auf, dass Unternehmen als Systeme vom System "Umwelt" abhängig sind. In Anlehnung an den interdisziplinären systemischen Ansatz der Betriebswirtschaftslehre stellen Klimecki et al. in diesem Zusammenhang fest:

> *"Analog zu Organismen, die sich in beschränktem Maße auf sich ändernde Umweltbedingungen einstellen können, werden Organisationen als offene soziale Systeme hinsichtlich ihrer Interdependenzen und Austauschbeziehungen mit ihrer Umwelt untersucht."*
>
> *(vgl. Klimecki et al. 1991, S.112).*

Ausgehend von der Theorie offener sozialer Systeme bezieht Heitger thesenhaft die Merkmale des systemtheoretischen Ansatzes auf Unternehmen (vgl. Heitger 1991, S.118-120). Unternehmen beziehen ihre Identität aus der ständigen Kommunikation und Aushandlungsprozessen mit sich und ihrer Umwelt (Kunden, Lieferanten etc.).[28] Die LO ist durch ihre interne Komplexität gekennzeichnet. Sie ist auf die vielfachen Beziehungen ihres eigenen Handelns angewiesen. Das

---

27  Der Versuch einer Antwort auf diese Frage ist, dass auch die Systemtheorie nicht den Grundstock aller komplexen organisatorischen Problemlösungsansätze liefern kann. Doch *"[...] verwertbare Systemkonzepte sind [...] zum wesentlichen integrativen Faktor der sich immer weiter in Teildisziplinen verzweigenden Wissenschaft geworden"*, womit die Systemtheorie eine interdisziplinäre Universalität betont. (Vgl. Willke 1993, S. 3).

28  Identität beschreibt die Gleichheit oder Übereinstimmung der Organisationsmitglieder in Bezug auf ihre Handlungen und ihre Ziele. Heitger versteht unter der Identität den kontinuierlichen Prozess und Ergebnis dessen, welche Beziehungen wie gestaltet und gepflegt werden (vgl. Heitger 1991, S. 114).

Problem, welches sich systemtheoretisch stellt, ist die Art und Weise, wie das System Organisation diese Komplexität bewältigt. Als verarbeitendes Komplexitätsgebilde kommt dem System Organisation eine organische Analogie gleich.

### 2.4  Die Organisation als organisches System

Als Gegenkonzept zur klassischen Organisationstheorie und als Weiterentwicklung eines neoklassischen Ansatzes haben sich auch organismische Systemkonzeptionen profiliert (vgl. Klimecki et al. 1991, S.112). In dessen Weiterentwicklung stellt ein evolutions-theoretisches Konzept[29] den Versuch an, Eigenschaften von biologischen Systemen auf soziale Systeme zu übertragen. Besonders aus der Biologie wird durch Analogien versucht, z.b. die Funktionsweise des Zellorganismus eines Lebewesens auf das betriebswirtschaftliche System zu übertragen.[30] Für eine Beschreibung von LO sind derartige Analogien interessant, wurde das Lernphänomen und die verlaufenden Vorgänge im menschlichen Gehirn primär durch die Biologie untersucht.

Organische Systeme sind durch ihre komplexen, nicht-lineare, selektiven und anpassungsfähigen Eigenschaften gekennzeichnet (vgl. Wehrmann 1995, S.68 zit. n. French; Bell; Miller und H. Ulrich). Sie entwickeln sich und sind dadurch lebensfähig. Eines ihrer wichtigsten Merkmale ist die Fähigkeit, sich im Gegensatz zu rein geschlossenen Systemen negentropisch verhalten zu können, d.h. aus einer Informationsquelle einen mittleren Informationsgehalt zu beziehen, aus welchem wiederum Ordnungsgewinne erzielt werden können (vgl. Bertalanffy 1977, S. 39).

Der Auffassung folgend, dass Unternehmen entsprechend als organische Systeme aufgefasst werden können, stützt sich auf Analogien zwischen sozialen und biologischen Organismen, zwischen denen dennoch wichtige Unterschiede bestehen.

Einer der wichtigsten Unterschiede zwischen einer Organisation und einem Organismus ist darin zu erkennen, dass ein biologischer Organismus sich entsprechend seines genetischen Codes entwickelt, d.h. seinem in ihm einprogrammiert bestimmten Entwicklungsziel verändert. Demzufolge ist sein Lebenszyklus vom Rhythmus und der zeitlichen Ausdehnung her festgelegt, genau wie das Zusammenspiel der einzelnen Systemelemente. Andererseits ist die Entwicklungsrichtung eines sozialen Organismus frei gestaltbar und Reaktionen auf sich verän-

---

29  Die Evolutionstheorie als eine Theorie in der Biologie besagt, dass die heute existierenden Lebewesen einer Evolution unterworfen waren bzw. sich aus sich selbst heraus entwickelt haben. (Vgl. Meyers Lexikonverlag)

30  Als einer der treibenden Wissenschaftler auf diesem Gebiet sei hier nochmals der Biologe Ludwig von Bertalanffy genannt.

dernde Umweltbedingungen müssen aktiv verarbeitet werden. Das bedeutet auch, dass die einzelnen Systemelemente koordiniert und ihr Zusammenspiel optimiert werden muss. Des weiteren kann der biologische Organismus nur als Ganzes über seinen Willen verfügen, seine Teile sind (handlungsbezogen) willenlos. Das soziale System hingegen besteht aus Menschen, die selbst über einen Willen und Zielvorstellungen verfügen, die nicht unbedingt mit denen des Gesamtsystems übereinstimmen müssen.

Diese Unterschiede sind besonders im Zusammenhang mit einer evolutionstheoretischen Betrachtung wichtig. Begriffe wie Selbstorganisation, Autopoiese und Selbstreferenz[31] sind bezüglich evolutionstheoretischen Betrachtungen der Organisation konzeptionelle Phänomene (vgl. Klimecki et al. 1991, S.112.), die deutlich machen, dass Veränderungsprozesse nicht einfach von außen gemacht werden können, d.h. das System reagiert nicht mehr auf einen Stimulus aus der Umwelt durch "triviale" Anwendung eines Veränderungsrezeptes. Veränderungen in sozialen Systemen werden aus den Analogien der Veränderungen von biologischen Systemen als Evolution konzipiert (vgl. Semmel 1984, S. 140f.). Das Überleben der Organisation ist dabei das höchste Kriterium, an welchem sich die Ziele und Handlungen der Organisation (des Systems) und (nach Möglichkeit auch) seiner Mitglieder (Subsysteme und Elemente) auszurichten haben. Wachstum der Organisation folgt zugleich dem Postulat des Überlebens, denn Wachstum steigert die Überlebensmöglichkeiten der Organisation (vgl. Gharajedaghi und Ackoff 1985, S. 228-298).

Neoklassische Vorstellungen gehen davon aus, dass die Organisation durch ihre Umwelt determiniert wird. Welche Bedeutung kommt in einem evolutionären Konzept der Umwelt zu? Ihr kommt die Funktion zu, Systeme aus überlebenskritischen Blickwinkeln zu bestimmen bzw. neu zu definieren. Die Umwelt selektiert nach ganz bestimmten Kriterien (Variablen) gewisse soziale Systeme aus, die sich bewährt haben.

> *"Soziale Systeme sind somit unausweichlich zu einer Anpassung an die spezifischen Bedingungen ihrer Umwelt gezwungen, wobei die Umweltbedingungen als Selektionsfaktoren wirken, denen das soziale System durch sein Systemverhalten genügen muss." (Vgl. Segler 1985, S. 119).*

> *Klimecki et al. (1991, S. 113) fassen zusammen: "[...] Komplexitätsprobleme werden durch Anpassung bewältigt. Sind soziale Systeme dazu nicht in der Lage, werden sie ausselektiert. [...]. Durch den Evolutionsprozess soll es zu einer immer besseren Anpassung an die Umweltbedingungen kommen, womit die Lebensfähigkeit erhöht wird."*

---

31    Zu einer näheren Erläuterung vgl. S. 89 f.

Dieser Sichtweisen folgend wird auf die Schaffung und Nutzung der inneren Logik von Systemen verzichtet: Vielmehr wird als Entwicklungsgrundlage auf das "Machen" bzw. das "Verändern" vertraut. Dieser "Macher-Ansatz" ist für eine LO jedoch kritikwürdig, denn Organisationen i.S. von sozialen Systemen sind nicht nur Maschinen oder triviale Organismen, sondern sie sind durch Menschen (Akteure) politisch und kulturell definierte Institutionen (vgl. Ebenda). Neben den Umweltbedingungen als Selektionsfaktoren und die Komplexitätsreduzierung sind die evolutionären Möglichkeiten zu berücksichtigen. Das heißt, gemäß einer Evolution erfolgt nicht mehr die Anpassung an Umweltbedingungen sondern eher eine innere Aktivität hinsichtlich der Auseinandersetzung mit den Umwelteinflüssen.

Die Akteure sozialer Systeme sind unter konstanten Umweltbedingungen frei, ihre Ziele und Zwecke selbst zu bestimmen. Menschen können sozialen Systemen neben der Anpassungsauffassung jederzeit auch den Sinn *(Systemzweck)* des Systems neu bestimmen (vgl. Gharajedaghi und Ackoff 1985, S. 291). Dazu müssen soziale Systeme in die Lage versetzt werden, sich selbst gestalten zu können, um ihre Aufgabe und den damit verbundenen Nutzen zu erbringen. Nützlich kann ein soziales System nur sein, wenn dieses System einem Sinn folgt, welcher von allen auch nachgefragt wird. *"Soziale Systeme benötigen deshalb die Fähigkeit, aktiv zu sein, autonom und selbstbestimmt zu handeln."* (Vgl. Klimecki et al. 1991, S. 114).

Soziale Systeme sind im Grunde genommen nichts anderes als durch Menschen geschaffene Zusammenkünfte von Handlungen und Strukturen, die, wenn sie ihr Ziel und ihren Zweck und somit ihren Sinn verfehlen sollten, jederzeit wieder aufgelöst bzw. neu gestaltet werden können.

Ein evolutionstheoretisches Konzept fasst die bisherigen Erkenntnisse organischer Systeme zu einem umfassenden interdisziplinären Konzept zusammen. Hiernach stellt es neben der Notwendigkeit der Anpassung des Systems an seine Umwelt zudem die Möglichkeit der Nutzung selbstaktiver Prozesse von und in Systemen in den Vordergrund. Dies ist hilfreich für das Verstehen eines organisationalen Lernens, da Lernen im Grundverständnis nicht aufgelegt werden kann, sondern aus einem aktiven Handeln des Lernsubjektes hervorgeht. Lernen hat demnach auch immer etwas mit Entwicklung zu tun.[32]

Bevor Zusammenhänge näher beschrieben werden, wird im folgenden dargestellt, warum Veränderung und damit verbunden Entwicklung (also Lernen) für die Überlebensfähigkeit einer Organisation eine große Rolle spielt.

---

32  Analog wird das Lernen bei Kindern als eine wichtige Voraussetzung für deren Entwicklungsfähigkeit gesehen.

# 3 Der Wandel als Anstoß von Unternehmensentwicklung

*"The world that we have made, as a result of the level of thinking we have done thus far, creates problems that we cannot solve at same level at which we created them."*

*(Albert Einstein, zit. in: Perich 1993, S. 81).*

Das in den Mittelpunkt dieser Arbeit erhobene Themenfeld "die Lernende Organisation" bezeichnet vielschichtige, verwobene Prozesse, für deren Verständnis die Einbeziehung vieler Gegebenheiten in großen, komplexen Organisationen notwendig ist. Insbesondere sind damit die individuellen, strukturellen und kulturellen Normen angesprochen.

Daneben wird jedoch als primärer Auslöser von Veränderungen in und von Unternehmen die besondere Anfälligkeit gegenüber Krisen gesehen. Das Zitat von Albert Einstein bringt das Problem m.E. auf den Punkt, wenn er sagt, dass die Probleme im Wandel der Zeiten eine andere, neue Qualität bekommen. Da Probleme in einer auf Forschung und Entwicklung basierenden Industriegesellschaft neben der neuen Qualität auch an Komplexität gewinnen, ist jedes Unternehmen vor die Aufgabe gestellt, ein ebenfalls neues Problemlösungsprofil zu entwikkeln. Eine derartige Forderung hört sich vom Anspruch her leichter an als, es die Umsetzung in der Realität meistens zulässt. Vom theoretischen Standpunkt bedeuten neue Anforderungen auch neue Handlungskonzepte, die aber nicht ad hoc vorhanden sind, sondern aus dem Vergangenheitsraum der Unternehmung, d.h. aus der Entwicklungsperspektive geschaffen werden. Es ist darauf zu achten, dass diese Potentiale auch auf die Zukunft ausgerichtet sind.

In diesem Sinn hat "Organisationales Lernen" auch etwas mit "Entwicklungsfähigkeit" für die Zukunft zu tun.[33] Lernen und Entwicklung sind voneinander abhängig. Klimecki et al. fassen das Lernen als nur *ein* Konzept einer entwicklungsfähigen Unternehmung auf (vgl. Abbildung 4, nächste Seite).

---

33  In der Entwicklung eines Menschen sind auf der einen Seite biologische Reifungsprozesse (körperliche und seelische Veränderungen) Gegenstand der Forschung, andererseits treten Veränderungen beim Menschen auf, die auf Umwelteinflüsse zurückzuführen sind, so z.B. auf Lernvorgänge (auch Anpassung, Sozialisation).

**Abbildung 4: Basiskonzepte einer entwicklungsfähigen Unternehmung**

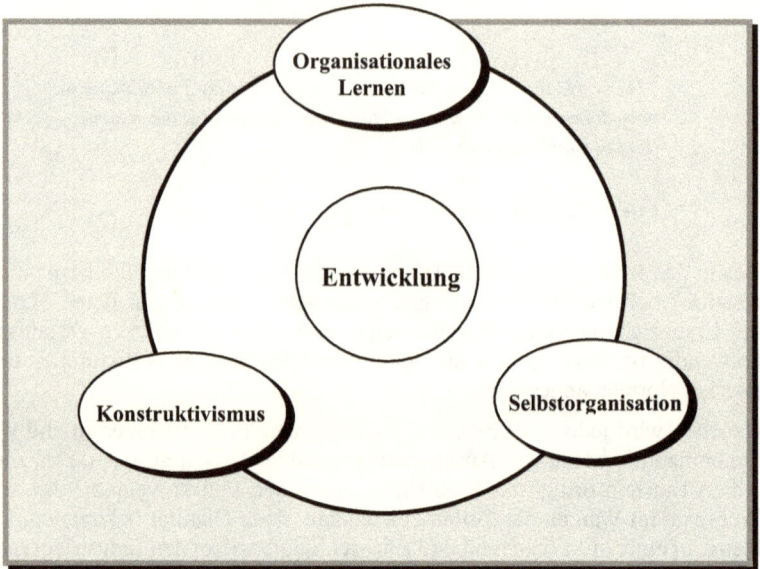

*Quelle: Leicht vereinfacht nach Klimecki et al. (1991) S. 107*

Anhand der Abbildung ist zu erkennen, dass neben dem "Organisationalen Lernen" auch die "Selbstorganisation" und die selbständige "Konstruktion" der Unternehmung für die Entwicklung eines Unternehmens von Relevanz sind. Entwicklung stellt sich daher als ein Prozess der Veränderung über einen bestimmten Zeitraum dar.

Dem Konzept der LO folgend arbeiteten Pedler et al. die betriebswirtschaftlichen Gründe für die Notwendigkeit von Entwicklung auf eine Umfrage bei internationalen Managern basierend, heraus:

**Abbildung 5: Motive für Entwicklungstätigkeiten**

---

☞ Wettbewerbsdruck: Notwendigkeit zu konkurrieren, zu überleben und zu wachsen

☞ Zunehmende Veränderungsgeschwindigkeit

☞ Versagen oberflächlicher organisatorischer Umstrukturie-
rungen

☞ Notwendigkeit einer tiefergehenden Veränderung der Art
und Weise, "wie wir die Dinge hier tun"

☞ Wunsch nach mehr Orientierung zum Menschen: hin zum
Mitarbeiter und zum Kunden

☞ Enge Verknüpfung zwischen Ressourcen und Bedürfnissen
der Kunden

☞ Notwendigkeit, die Qualität z.B. von Dienstleistungen zu
verbessern

☞ Wunsch "aktives Experimentieren" zu fördern

☞ Klärung des Firmen-Images

---

*Quelle: In Anlehnung an: Pedler; Boydell und Burgoyne (1991) S. 59 und S. 63*

Als Grund eines Interesses am Konzept der LO wird primär die Möglichkeit der Gewinnung von Wettbewerbsvorteilen genannt.

> *"[...] Als Organisation sind wir sicherlich mehr denn je nur um unser Überleben, sondern um unser Wachstum besorgt [...]. Das Konzept eines lernenden Unternehmens weist eine erfreulich ganzheitliche Qualität auf [...]. Es erkennt die individuellen Lernbedürfnisse [...] und die tatsächlichen Gegebenheiten unseres Geschäfts an. Es besteht nach innen wie nach außen eine hohe Dringlichkeit der Konzeptrealisierung angesichts unseres enormen Wachstums." (John Bukley von Thorm EMI zitiert von Pedler et al. in: Sattelberger 1991, S. 63.).*

Die obige Heranziehung der Entwicklung des Menschen stellt die Bedeutung der Umwelt heraus. Die Umwelt einer Unternehmung wird geschaffen durch Kunden, Lieferanten, Mitbewerber oder durch den Arbeitsmarkt. Auf diese Umwelt müssen sich Unternehmen in vielfältiger Weise beziehen. Sie wird aus Sicht eines Unternehmens immer undurchschaubarer, komplexer und chaotischer. Kieser und Kubicek nennen als entscheidendes Kriterium der Umwelt in ihrem Einfluss auf die Unternehmung die *Unsicherheit*, denen das Management zunehmend ausgesetzt ist (vgl. Kieser und Kubicek 1992, S. 203ff.).

Damit Unternehmen sich in einer von Unsicherheit begleitenden wachsenden Umweltdynamik behaupten können, d.h. als Organisation im System Wirtschaft immer wieder die eigene Zahlungsfähigkeit zu reproduzieren (vgl. Luhmann 1988, S.12), müssen Unternehmen zunächst Veränderungen in der für sie relevanten Umwelt wahrnehmen.[34]

> *"Es geht also darum, die [...] Vielfalt des Umweltgeschehens auf relevante verarbeitbare Informationen zu reduzieren und im Inneren des Unternehmens in Entscheidungen -neue Adaptionen an den Marktumzuwandeln." (Reitger 1991, S. 119).*

Die Unternehmung sieht sich einem "Umweltrauschen" gegenüber, einer Flut von Informationen, die sich aus der Umwelt kommend an die Unternehmen nähern. Aus diesem "Rauschen" von Informationen müssen diejenigen Informationen selektiert und anschließend verdichtet werden, die für die Entscheidungsprozesse relevant sind. Diese Informationen müssen in der Unternehmung derart umgewandelt werden, dass sie schließlich als Grundlage von Entscheidungen, Prozessen und/oder Strategien herangezogen werden können. Voraussetzung ist allerdings, dass die äußere Umwelt in der Unternehmung auch abgebildet werden kann, d.h. die Umwelt für das System kommunizierbar und nachvollziehbar wird, dabei aber die Identität der Organisation erhalten bleibt. Diese Umweltdynamik bzw. Unsicherheit erschwert natürlich die Planung organisatorischer Aufbau- und Ablaufprozesse und verunsichert zudem die innere Identität der Unternehmung. Unsicherheit kann zu einem Identitätsverlust hinsichtlich der eigenen Handlungsmaximen führen.

Die vielfältigen Einflüsse aus der Umwelt, die Unsicherheit sowie die wachsende Dynamik systemischer Vorgänge sind Kennzeichen des *prozessorientierten* Wandels aller in einem Wirtschaftssystem befindlichen Akteure. Wandel darf daher nicht als Sonderfall oder Ausnahme, sondern muss als Normalfall betrachtet werden.

Entwicklung kann eine Konsequenz von Wandel sein, oder anders herum, Wandel kann Entwicklung initiieren. Aus theoretischer Sicht gerät vor diesem Hintergrund *"[...] das im Vor- und Umfeld der industriellen Revolution entstandene und hier äußerst wirkungsvoll applizierte kartesianische Weltbild mit zentralen Attributen wie Linearität, Rationalität und Machbarkeit immer mehr ins Kreuzfeuer der Kritik und verliert als Denkmodell und Handlungsmaxime zunehmend an praktischem Wert." (Pedler 1991, S. 82).*

Aufgrund einer sich verändernden Umwelt bedarf es daher einer Veränderung und im tieferen Sinn eines Wandelprozesses in Organisationen. Unternehmen müssen sich darauf einstellen und versuchen, in einem permanenten Prozess mit den Veränderungen Schritt zu halten. Rudolf Mann spricht bei diesem Wandel-

---

34   Ergebnis des Wahrnehmungsprozesses ist die Entscheidung, welche Veränderungen überhaupt wahrgenommen werden sollen.

problem vom *"Wandel des Wandels"* (vgl. Mann 1993, S. 14ff.), in dem er auf den stetigen Zuwachs von Veränderungen in der Umwelt und auf die daraus steigenden Schwierigkeiten des "Managens", des Beherrschens von Systemen, spricht. Diesen Prozess skizziert er anhand 5 Eskalationsstufen:

Den Beginn der nicht mehr linear verlaufenden Änderungsprozesse, d.h. der Zeit in welcher Veränderungen immer weniger zu prognostizieren waren, begründet er im Jahr 1972. In diesem Jahr erschienen von D. Meadows die Ergebnisse des im Jahr 1970 beginnenden Prognosemodells über die Zukunft der Erde, veröffentlicht in dem Buch *"Die Grenzen des Wachstums"*[35], welches die Initiative zu weiteren Forschungen des Club of Rome lieferte. Anhand globaler Systemmodelle werden dort hochkomplexe Zusammenhänge zwischen wenigen Variablen herausgestellt und aufgrund von Computersimulationen eine Reihe höchst alarmierender Krisenszenarios für die zukünftige Wirtschaft plausibel gemacht.[36] Aus dem Verlauf der Ölkrise 1972 wurde den Unternehmensleitungen zusätzlich bewusst, mit (mathematischen) "Prognosemodellen" allein den wachsenden Umweltbedingungen nicht mehr gerecht zu werden.

Die Selbstbeschleunigung der Änderungsprozesse führte zweitens dazu, dass Vorhersagemöglichkeiten wie, *was* wird kommen und *wann* wird es kommen, nicht mehr genügend greifen; auch die Geschwindigkeit der Veränderungen ist nicht mehr absehbar. Die Verantwortlichen in den Unternehmen *"[...] müssen lernen, sich auf Veränderungen einzustellen, ohne zu ahnen, welche wo und wann eintreten werden."* (Vgl. Ebenda, S. 17).

Drittens ist das Wandelproblem durch eine Zunahme von Turbulenzen gekennzeichnet. Diese können z.B. auftreten durch Schwierigkeiten eines Zulieferers, Erfolgsmeldungen von "Verschlankungen" im fernen Osten (Kaizen, Lean-Konzepte) oder einem Ausfall von Produzenten in Rest-Jugoslawien. Eines haben solche Turbulenzen gemein: Sie sind nicht im Voraus prognostizierbar, d.h. ein vorbeugendes Handeln scheint unmöglich zu sein:

> *"Man stellt erst fest, was geschehen ist, wenn es vorbei ist. Unsere Planungssysteme helfen nur noch, den Schaden zu quantifizieren. Die Abweichung aufzuzeigen, um die Intensität der notwendigen Gegensteuerung zu zeigen, bevor es zu spät ist."*
> *(Vgl. Ebenda).*

Derartige Situationen können viertens -wie auch im normalen Leben- in einem Chaos enden, welches durch den Verlust der Steuerbarkeit gekennzeichnet ist.

---

35   Orig.: "The limits to Growth". Vgl. Meadows, D. (1972): Die Grenzen des Wachstums. Stuttgart

36   Die Untersuchungen machten deutlich, dass selbst bei konservativen Annahmen ein sg. "Weiterwursteln" nach bisherigen Wachstumskurven zwingend in eine weltweite Katastrophe führen muss. (Vgl. Willke 1993 S. 220ff., sowie den Bericht des Club of Rome: King/Schneider 1991).

Die Methoden, die sich bisher zur Krisenbewältigung bewährt haben, greifen in diesen Situation nur ungenügend. Die bisher gemachten Erfahrungen sind nicht mehr hilfreich, man kann nichts mehr tun.

Die fünfte und letzte Stufe wird in der Herausforderung an den Menschen gesehen, in einer postmodernen Industriegesellschaft, Unmögliches möglich zu machen. Dabei greifen bewährte Instrumente und Methoden nicht mehr, und der Akteur sieht keine Lösungsmöglichkeiten mehr.

Unternehmen sind den dargelegten Einflüssen ausgesetzt und bedürfen einer aus der Unternehmung heraus gestalteten Entwicklung, die inhaltlicher Betrachtungsgegenstand der Organisationsentwicklung ist. Organisationsentwicklung bietet eine Vielzahl von Erklärungen und Erkenntnissen von Unternehmen und deren Entwicklung.

Das Lernen nimmt hier das erste Mal eine bedeutsame Rolle ein. Doch zunächst soll nach einem Definitionsversuch ein kurzer Überblick über Organisationsentwicklung gegeben werden, um darzustellen, was unter Organisationsentwicklung verstanden wird.

# 4 Organisationsentwicklung als klassische Möglichkeit des Umgangs mit Wandel

## 4.1 Zum Begriff Organisationsentwicklung

Zur Organisationsentwicklung (OE) existiert eine Flut an Literatur in Bezug auf Veränderungen in und von Organisationen. Den Begriff Organisationsentwicklung universell zu definieren, ist aufgrund der international unterschiedlichen Ansätze ein Problem. Dies ist z.b. zu erkennen, wenn sich ein Organisationsberater (Comelli) oder ein Wissenschaftler (Sievers) in der Literatur über OE äußert. Es soll dennoch im folgenden der Versuch unternommen werden, eine brauchbare Definition wiederzugeben.

Unter dem Begriff der Organisationsentwicklung versteht Comelli einen geplanten, gelenkten und systematischen Prozess zur Veränderung der Kultur, der Systeme und des Verhaltens einer Organisation mit dem Ziel, die Effektivität der Organisation bei der Lösung ihrer Probleme und der Erreichung ihrer Ziele zu verbessern (Comelli 1985, S. 96).

Sievers hingegen betont bei seiner Begriffsdefinition den sozialwissenschaftlichen lernzentrierten Charakter von OE, indem er äußert, dass *"durch die Institutionalisierung organisationsumgreifender Lernprozesse [...] ein Lernen von Organisationen in dem Sinne ermöglicht werden (kann), dass über unmittelbare Verhaltensänderungen einzelner Mitglieder und Subsysteme hinaus auch die Organisationsstrukturen und -prozesse sowie die ihnen zugrunde liegenden Selektionen und Generalisierungen verändert werden können."* (Vgl. Sievers 1977, S. 12).

Auf dem Weg einer allgemeingültigen OE-Definition können die Definitionsmerkmale von Filley et al. herangezogen werden, die aufgrund einer Literaturauswertung folgende Merkmale von OE herausgearbeitet haben (vgl. Abbildung 6).

Organisationsentwicklung hat per Definition den Wandel von und in Organisationen als Kern. Ein Wandel kann als bewusst geplante Veränderung von Organisationen durch Menschen stattfinden. Veränderungen wiederum können aber auch durch selbstorganisatorische Prozesse veranlasst werden. Die OE greift jedoch nur die erste Möglichkeit heraus und erklärt sie zum Untersuchungsgegenstand.

Wandel ist zudem langfristig angelegt. Ungeplante künftige Ereignisse können nur noch schwer berücksichtigt werden. Dieser Plan umfasst das komplette Wandelproblem und lässt Details unberücksichtigt. Der Schwerpunkt von Wandelprozessen wird dabei in Organisationsgruppen und weniger in den Individuen gesehen.

Wandel findet dabei immer unter der Zuhilfenahme von externen Beratern (Change Agents) statt, die als Organisationsberater fungieren. Den Wandel betreffende notwendige Interventionen werden durch ein auf Erfahrungen basierendes Lernen (Aktionsforschung) begleitet.

**Abbildung 6: Merkmale der Organisationsentwicklung (OE)**

☞ Geplanter Wandel (kein zukünftiger Wandel)

☞ Umfassender Wandel (keine Detailänderung)

☞ Schwerpunkt auf Wandel von Gruppen (weniger von Individuen)

☞ Langfristiger Wandel (kein kurzfristiges Krisenmanagement)

☞ Einbeziehung eines Change Agent (Wandel-Beraters, GL.)

☞ Intervention durch erfahrungsbegleitetes Lernen und Aktionsforschung.

*Quelle: Staehle 1991, S. 848 zit.n. Filley; House und Kerr (1976) S. 487 ff.*

Vor dem Hintergrund der Merkmale soll den Fragen nachgegangen werden, was die frühen Ansätze von OE waren und welche Ziele verfolgt wurden mit dem Ziel, OE als Bestandteil von Veränderungsprozessen hinsichtlich LO zu betrachten.

## 4.2 Überblick von Organisationsentwicklung

Ursprünglich stammt die Idee der OE aus den Vereinigten Staaten. Zeitlich ist sie dort in den 30er Jahren mit *E. Mayo* als deren Begründer einzugliedern. Mayo rückt mit seinem *"Human Relation"- Ansatz* den Menschen als autonomes Individuum und als Quelle von Kreativität und Leistung in den Mittelpunkt. Ende der 40er Jahre stützt sich die amerikanische Entwicklung der OE auf drei Hauptquellen:

**Abbildung 7: Entwicklungsstufen der OE**

1. Laboratoriumsmethode, die

2. Survey-Feedback- Methode, sowie die

3. Aktionsforschung.

*Quelle: In Anlehnung an Comelli (1985)*

Die beiden erstgenannten sind eng mit dem Namen *Kurt Lewin* verbunden. Seine Untersuchungsmethode zeichnet sich dadurch aus, dass er als Initiator der sozialpsychologischen *"Feldtheorie"* Ganzheiten und bedeutsame Gestaltzusammenhänge untersucht, deren Wahrnehmung den einzelnen Menschen beeinflusst und sein Verhalten lenkt (vgl. Comelli 1985, S. 51). So handelt es sich bei der *Laboratoriumsmethode* um die Arbeit mit unstrukturierten Kleingruppen, in denen die Mitglieder bei ihren wechselseitigen Interaktionen und der sich dabei entfaltenden Dynamik der Gruppe lernen. Die Untersuchung der Verhaltensänderungen von Menschen untereinander führt zu der *Gruppendynamik-Methode,* nach welcher der Mensch in der Gruppe vom *Betroffenen zum Beteiligten* wird. Diese führt anschließend zu den *"[...] sogenannten Sensitivity-Trainings (Sensitivierungs-Trainings), in welchen die Teilnehmer dieser Maßnahmen ihre Wahrnehmungsfähigkeit für eigene und fremde Gefühle, Stimmungen, Einstellungen und Reaktionen sowie die Einsicht in eigene und fremde Verhaltensweisen in Gruppen zu steigern suchten."* (Vgl. Comelli 1985, S. 53).

Die *Survey-feedback-Methode* (zu dt.: Daten-Rückkopplungs-Methode) versucht mit Hilfe von Umfragen bei Organisationsmitgliedern deren Einstellungen festzustellen. Das Neue *daran* ist, dass dabei besonderer Wert auf ein Feedback der Mitglieder gelegt wird. Die Befragten treffen sich zu Arbeitskreisen (Workshops), welche die Resultate der Umfrage zum Thema haben. So können die Befragten zu den Ergebnissen Stellung nehmen und eigene Erfahrungen aus ihrer Sicht überprüfen sowie Veränderungsvorschläge einbringen. Die *Beteiligten werden zu Betroffenen.*

Es entwickelt sich aus einer statischen Datenerhebung ein Prozess, welcher Problemsituationen und deren Ursachen in der Organisation einerseits und seiner Mitglieder andererseits detaillierter beschreibt. Die Survey-Methode stellt sich damit als eine Abfolge von Veränderungsprojekten dar, deren Inhalte jeweils partizipativ, d.h. die vom Wandel bezogenen Organisationsmitglieder einbeziehend, festgelegt werden (vgl. Schreyögg und Noss 1995, S. 172).

In engen Zusammenhang mit der von Lewin initiierten Laboratoriums- und Survey-feedback-Methode wird auch die *Aktionsforschung* genannt. Diese kann im Sinne von French und Bell (1977, S. 110) definiert werden als *"[...] der Prozess der systematischen Sammlung empirischer Daten über ein System in Bezug auf dessen Ziele und Bedürfnisse; aus dem Feedback dieser Daten an das System und aufgrund zusätzlicher Hypothesen werden Aktionen zur Veränderung einzelner Systemvariablen entwickelt; durch neue Datensammlungen werden die Ergebnisse dieser Aktionen überprüft und ausgewertet."* Die Aktionsforschung ist ein Konzept problemorientierter Organisationsveränderung, bei dem die Probleme gemeinsam mit den Beteiligten erhoben werden: *"Sie greift anstehende praktische Probleme auf und ist so im wörtlichen Sinn anwendungswissenschaftlich."* (Vgl. Comelli 1985, S. 62). Auch stellt *"die Aktionsforschung [...] ein normatives Lernmodell oder ein Modell für geplante Veränderungen"* dar (vgl. French; Bell 1977, S. 113 zit.n. Herbert Shepard).[37]

Zu bedeutender Beachtung in der OE gelang das *Phasenmodell* von Lewin, nachfolgend in Abbildung 9 dargestellt.

**Abbildung 8: Das organisatorische Änderungsgesetz von Lewin (Phasenmodell)**

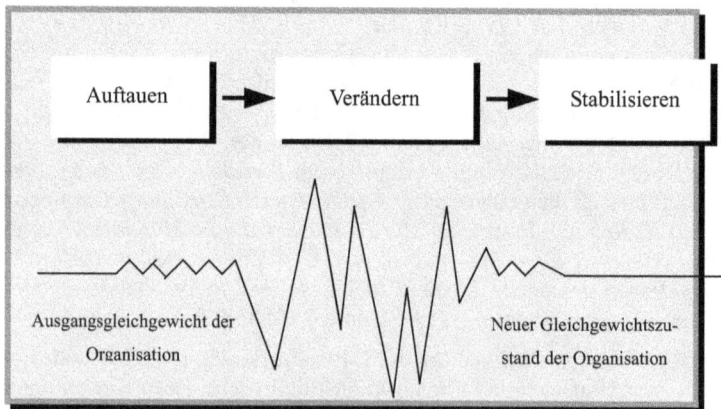

*Quelle: Schreyögg und Noss (1995), S. 171*

---

37 Ferner wurde das Gebiet der OE wesentlich beeinflusst durch das Tavistock-Institut (GB) und seinem psychotherapeutischen Ansatz - teilweise entwickelt mit therapiebedürftigen Patienten der Tavistock-Klinik.

Diesem Modell folgend bedingt jeder Veränderungsprozess zunächst einer Auf-
lösung des Gleichgewichtszustandes in einer Organisation. Dafür bedarf es zunächst einer *"Auftauphase" (Unfreezing)*, in welcher das System seinen Gleichgewichtszustand aufgeben muss und seine Bereitschaft zur Veränderung heraus-
bildet. Der Anstoß für diesen Auftauprozess kann sowohl von innen (z.b. durch
eine Fehleranalyse oder durch neue Mitarbeiter etc.) als auch von außen kommen (z.b. Marktanteilseinbußen, öffentliche Kritik an das Unternehmen; vgl.
Shell und die Bohrplattform "Brent Spar").

Sind *Veränderungen* durchgeführt worden, bedürfen diese einer Stabilisierung.
Sie müssen wieder stabilisiert, d.h. "eingefroren" *(Freezing)* werden, damit sie
in der Zukunft Bestand haben können. Lewin geht bei dieser Betrachtung stets
von einer komparativ-statischen Analyse aus. Er vergleicht einen Zustand zu einem festen Zeitpunkt mit einem Zustand zu einem späteren Zeitpunkt. Der Zeitraum dazwischen wird gefüllt von einem zeitlich abgrenzbaren und dynamischen Veränderungsprozess, der aber eher prekär wirkt. In diesem Sinne bedeutet jede Veränderung, d.h. Störung des Systems, einen *Ausnahmefall*. Das Phasenmodell zielt darauf ab, diesen Ausnahmefall schnell zu beherrschen, um das
System so rasch wie möglich wieder in den Gleichgewichtszustand zu bringen.

In Deutschland kommt der OE-Gedanke erst Ende der 60er Jahre auf. Während
die OE sich in den USA als eigenständig sozialwissenschaftliche Disziplin etabliert, führt die OE in Deutschland ein eher bescheidenes Dasein. Die US-
amerikanischen Erkenntnisse, besonders die von Lewin, gelten auch weitgehend
als Grundlage von OE auch in Deutschland.

Sievers[38] bezeichnet die "bundesdeutsche Realität" als "eigenartige Diskrepanz",
wenn er anführt, dass *"[...] die theoretische und die praktische Thematisierung
und Verbreitung der Organisationsentwicklung bislang relativ unabhängig und
voneinander getrennt erfolgen. [...]."* (Vgl. Sievers 1977, S.11).

Comelli beschreibt den OE-Berater-Kreis als theoriescheu bis -feindlich, welcher *"[...] bei langfristig entstandenen Problemsituationen nach schnell wirk-
samen Patentrezepten (am liebsten über Nacht) lechzt und der Evaluierung (d.h.
Erfolgskontrollen) scheut, weil dies (a) zusätzlichen Aufwand verursacht und
somit Zeit und Geld kostet und weil sich (b) bei dieser Erfolgskontrolle ja auch
herausstellen könnte, dass oberflächliche Konzepte und wenig fundierte Maßnahmen zu einem Misserfolg geführt haben."* (Vgl. Comelli 1985, S. 78).

OE in Deutschland lässt sich mit der amerikanischen OE schwer vergleichen, da
sich die Unternehmen in Deutschland in einem anderen sozio-ökonomischen
und kulturellen Umfeld bewegen. Dennoch stellen die amerikanischen Erkenntnisse die Grundlagen deutscher Organisationsentwicklung.[39] Der Unterschied

---

38    Sievers bekleidete in Deutschland den ersten Lehrstuhl für OE an der Gesamthoch-
      schule Wuppertal seit 1977.

39    OE hat sich in Deutschland z.B. in einem Netzwerk zur Gesellschaft für Organisations-
      entwicklung (GOE e.V.) zusammengeschlossen mit dem Ziel, *"[...] auf dem Gebiet der*

von amerikanischer und deutscher Auffassung liegt in der Formulierung der Ziele. Erstgenannte verstehen OE als Mittel zur Verbesserung von Wirksamkeit und Gesundheit der Unternehmung. In Deutschland werden als Ziele die Humanisierung der Arbeit und die Erhöhung der Leistungsfähigkeit von Organisationen genannt (vgl. Ebenda). Schließlich dient Entwicklung gemeinsam der Überlebensfähigkeit des Systems und seiner Mitglieder.

### 4.3 Ziele und konzeptionelle Grundfragen von Organisationsentwicklung

Die Zielsetzung der OE lässt sich nach Comelli in der Steuerung von Veränderungsprozessen nach vorgegebenen Zielen beschreiben. Senkel und Tress treten zudem ein für die Initiierung von Lernprozessen zur Schaffung und Durchsetzung bedürfnisgerechter organisatorischer Gestaltungsmaßnahmen. Dies verdeutlicht die Darstellung der Grundsätze praktischer Organisationsentwicklungsarbeit von Senkel und Tress (Senkel; Tress 1987, S. 181). Sie verstehen die Zielsetzung der Organisationsentwicklung als eine Verbesserung der *Leistungsfähigkeit* der Organisation (*Effektivität*) und eine Verbesserung der *Qualität des Arbeitslebens* für die in ihr tätigen Menschen (*Humanität*). Die unterschiedlichen Ziele setzen sie als gleichrangig und interdependent voraus. Die Methode zur Erreichung dieser beiden Ziele soll gemäß den zitierten Autoren ein *"[...] Lern- und Entwicklungsprozess der Organisation und der in ihr tätigen Menschen"* sein, welcher im *"[...] weitesten Sinne durch die Verbesserung der Kommunikation, insbesondere durch das Schaffen von Lernsituationen [...] erfolgen soll"*.

Sievers geht von der doppelten Zielsetzung aus: *"Sie intendieren eine Steigerung der Effektivität von Organisationen sowie eine qualitative Erweiterung der Selbstverwirklichungs- und Selbstbestimmungsmöglichkeiten ihrer Mitglieder im Arbeitsprozess."* (Vgl. Sievers 1977, S. 12). Für das Erreichen dieser Ziele schlägt Sievers vor, durch Institutionalisierung organisationsumgreifender Lernprozesse ein Lernen von Organisationen in dem Sinne zu ermöglichen, dass über *unmittelbare Verhaltensänderungen* einzelner Mitglieder und Subsysteme (Gruppen) hinaus auch die Organisationsstrukturen und -prozesse sowie die ihnen zugrunde liegenden Selektionen und Generalisierungen verändert werden können (vgl. Ebenda, S. 12).

---

*OE tätigen Menschen und Institutionen im deutschsprachigen Raum zusammenzuführen, die 'Philosophie' und die Anwendung von OE zu verbreiten und das fachliche Qualitätsniveau von OE in der Praxis zu heben (Qualifizierung / Professionalisierung); [...]."* (vgl. Senkel und Tress 1985, S.183).

Entwicklung spielt nicht nur in der Namensgebung des Veränderungskonzeptes OE eine markante Rolle. Was bedeutet Entwicklung nun im Sinne von Veränderungen? Normativ argumentiert muss Entwicklung und Veränderung voneinander abgegrenzt werden.[40] So bedeutet Veränderung eine Neuerung an der Oberflächenstruktur, z.b. wenn eine neue Abteilung gegründet oder eine andere geschlossen wird. Entwicklung hingegen heißt eine qualitative Verbesserung *"[...] im Rahmen derer es zu neuen intersubjektiv geteilten Wirklichkeitskonstruktionen kommt und damit zu einem erfahrbaren Sinnzusammenhang der neuen Verhaltensmöglichkeiten."* (Vgl. Probst und Naujoks 1993, S. 368 zit. n. Klimecki et al. 1991, S. 103-162).

Gemäß den Zielen von OE und den Lösungsansätzen des Lernens bezieht OE die Problematik von Veränderung (Wandel), Effizienz und Lernprozessen mit ein. Sie stellt eine für das Unternehmen umfassende Maßnahme unter Berücksichtigung hoher Komplexität der organisatorischen Zusammenhänge dar.

Der OE-Ansatz, wie er sich im Laufe der Zeit herausgebildet hat, behandelt nach Ansicht von Schreyögg und Noss, die sich zusammenfassend über das OE-Konzept als Entwicklungskonzept äußern, verschiedene Fragestellungen: Neben der bereits skizzierten Perspektive des *Phasenverlaufs* sind es vor allem die Fragen nach der Art des *Einstiegs* (von "oben nach unten" oder von "unten nach oben"), der Rolle des *externen Beraters* ("change agent") und der optimalen *Interventionsmethode*. Die Förderung organisatorischen Wandels wird zunehmend als eine *Beratungsaufgabe* verstanden, welche später von der OE als Disziplin umrahmt wird (vgl. Schreyögg und Noss 1995, S. 172), innerhalb welcher sich der OE-Berater drei wesentlichen Komponenten zuzuwenden hat (vgl. Senkel und Tress 1987, S. 180):

1. Dem *Objekt der Veränderung* und somit der Frage: Was soll entwickelt werden? Als Antwort gibt er die Organisation und die in ihr tätigen Menschen an.

2. Dem *Ziel der Veränderung* und somit der Frage: Warum soll entwickelt werden? Antwort: Aus den Zielen der OE, nämlich Effektivität und Humanität.

3. Dem *Prozess der Veränderung* und somit der Frage: Wie soll entwickelt werden? Antwort: Lernen aller Betroffenen durch direkte Mitwirkung und praktische Erfahrung.

---

40  Zur normativen Diskussion von Veränderung und Entwicklung vgl. Probst und Naujoks 1993, S. 368f. Sie fächern diesen Begriff weiter auf, indem sie Entwicklung von Wachstum einerseits und Entwicklung von Veränderung andererseits abgrenzen.

Der Schlüssel zum erfolgreichen Wandel wird durch "Wandel-Berater" (Organisationsberater) in einer Veränderung des Planungsprozesses[41] bestimmt (vgl. Ebenda). Wandelerfolge verspricht sich die Organisationsleitung durch eine enge Mitarbeit mit diesen Beratern. Die bekanntesten Konzepte von Beratungsansätzen sind neben der erwähnten *Survey-feedback-Methode* hinaus die *Prozessberatung* und das *Verhaltensgitter* (vgl. Schreyögg und Noss 1995, S. 173). Die Prozessberatung soll die Unternehmung überhaupt in die Lage versetzen, Ereignisse und Probleme in ihrem Umfeld wahrzunehmen, zu verstehen und in Handlungen umzusetzen.[42] Die Unternehmung soll befähigt werden, nach unvorhergesehener Analyse die zweckmäßigste Lösung selbst zu finden. Die Intervention stellt daher nicht auf ein vordefiniertes Ergebnis ab, sondern legt besonderen Wert auf den *Prozess* der Problemlösung. Hierin liegt auch die Gegensätzlichkeit von OE, zieht man das Verhaltensgitter heran. Dieses legt die durch den Prozess erwartenden Ergebnisse vorher fest und sieht den Prozess nicht als einen sich dynamisch entwickelnden Ablauf von in sich selbständigen Schritten, sondern zerlegt den Gesamtprozess in viele aufeinander aufbauende Einzelprozesse.[43] Vorteil dieser Methode zur Prozessberatung ist die Möglichkeit, den OE-Prozess zeitlich abschätzen zu können. Der Nachteil ist in einer offenbar vorgegebenen Beratungsstrategie nach einem bereits festgelegten Muster zu sehen.

Das daraus resultierende neuere Verständnis in der OE begreift die Organisation als ein sozi-technisches System, in welchem gelten soll, dass das Ganze mehr ist als die Summe seiner Einzelteile. Erkannt wird in dieser Ansicht die ganzheitliche Perspektive, nach welcher in der OE *"[...] Individuum, Organisation, Umwelt und Zeit ganzheitlich, d.h. in ihren Wechselbeziehungen und Systembetrachtungen betrachtet"* wird (vgl. Senkel und Tress 1987, S. 181). Entsprechend dem Systemcharakter von Organisationen ist OE auf Systemvariablen ausgerichtet, die mehr sind als eine bloße Summe des Verhaltens von Individuen und Gruppen (vgl. Sievers 1977, S. 15).

---

41  vgl. Kap. "Begriff der Organisation", wo die Organisation zwischen Aufbau- und Ablauforganisation differenziert wird. Der "Wandel-Berater" interveniert nach dieser Definition hier in der Ablauforganisation, indem er Einfluss auf die ablaufenden Prozesse in der Organisation nimmt.

42  Zur Prozessberatung siehe auch Gerhard Fatzer: Prozessberatung als Organisationsberatungsansatz der neunziger Jahre. In: Wimmer 1992, S.115-127

43  Einen Einblick in die OE nach dem Verhaltensgitter beschreiben L.W. Porter, E.E.; Lawler III und J.R. Hackmann (1975) in ihrem Konzept der "Hypothetischen Sequenz". In: Comelli 1985, S. 91f. Bei diesem Modell sind ein hohes Maß an Vertrauen und eine darauf aufbauende offene Kommunikation die ersten beiden und grundlegenden Teilziele dieses Modells. Vertrauen ist gerade auch für eine Lernende Organisation entscheidend, die von den Lernerfahrungen der Individuen untereinander profitieren soll und nicht von dem "Ich-weiß-mehr-als-Du"-Konkurrenzdenken.

## 4.4  OE als Entwicklungskonzept für die Lernende Organisation

Die Berücksichtigung der Umwelt[44] und der damit steigenden Komplexität von Systemen stellt für die OE ein umfangreiches Problem dar. Deutsche Unternehmen scheinen von den Erfolgen und der Logik des "Machens" im Zuge des Wirtschaftswunders nach dem 2. Weltkrieg verwöhnt zu sein.[45] Der einfache Zusammenhang zwischen auftretenden Problemen und dem darauf folgenden Lösungsmuster genügte in den meisten Fällen, den Krisen gebührend zu begegnen. Nach dieser Argumentation ist auch der in der OE bevorzugte Einsatz des Verhaltensgitteransatzes zu verstehen. Die prozessorientierten Ansätze der OE hinsichtlich des steigenden Problems von Wandel und Veränderungen (Stichwort: Prozessberatung) scheinen nur wenig Beachtung zu finden (vgl. Schreyögg und Noss 1995, S. 172ff.).

Daher üben zitierte Autoren meiner Ansicht nach berechtigte Kritik an der OE-Wandellogik, wonach die in Deutschland etablierten OE-Ansätze nicht mehr in der Lage zu sein scheinen, der heutigen Umweltdynamik und den damit verbundenen Wandelproblemen genüge zu tun. Schreyögg und Noss (vgl. Ebenda, S. 174-176) fassen ihre Kritik in vier wesentlichen Kernpunkten zusammen. Demnach wird in der heutigen OE der organisatorische Wandel aufgefasst als:

**Abbildung 9:  Kernpunkte kritischer Ansätze von OE**

(1) Spezialistensache,

(2) beherrschbarer Prozess,

(3) fest umschriebenes Problem,

(4) Sonderfall.

*Quelle: In Anlehnung an: Schreyögg und Noss (1995) S. 172 ff.*

---

44  Durch die Einbeziehung der Umwelt erhält die Organisationstheorie und damit auch die OE eine umfassendere Perspektive. Diese wird in der von Lawrence und Lorsch entwickelten Kontingenztheorie formuliert. Aus der Kontingenztheorie abgeleitet legt der Ansatz der Interorganisationstheorie Wert darauf, Organisationen in einem dichten Geflecht von Beziehungen eingebunden zu sehen. Hieraus geht die Netzwerktheorie hervor, in welcher die unterschiedlichen netzartigen Strukturen von Organisationen untersucht werden.

45  Vgl. die diversen "Ausrutscher" von deutschen Managern in der einschlägigen Abhandlung von Günter Ogger. Auch wenn die "Nieten in Nadelstreifen" m.E. für eine wissenschaftliche Abhandlung primär nicht zitierfähig sind, bringt die Philosophie dieses Buches die angeführte These weitestgehend auf den Punkt.

Organisatorischer Wandel wird gemäß OE zu einer Spezialistensache **(1)**, nach der ein interner und/oder ein externer Berater mit der Aufgabe der Organisationsentwicklung betreut wird. Diese bedürfen zuvor einer äußerst speziellen Ausbildung, die zeitaufwendig und kostenintensiv ist. Die Rolle der Organisation verändert sich dadurch aber zu einem Klienten ("Patienten"), welcher den "therapeutischen" Methoden des Beraters unterliegt. Sicherlich bietet diese Art und Weise eine Möglichkeit, Organisationen mit geringen Wandelbedarf unter die Arme zu greifen.

Organisationsentwicklung geht davon aus, dass sich der *"[...] einzelne Wandelprozess in einer kontinuierlichen, unüberschaubaren und zeitlich streckbaren Weise vollzieht oder zumindest vollziehen lässt. Der Wandel kann soweit verstetigt werden, dass er erwartbar wird; [...]."* (Vgl. Ebenda, S. 174). Das Aufkommen von Veränderungen wird statisch und berechenbar. Sie erwecken dadurch den Anschein der Beherrschbarkeit **(2)**. Veränderungen mit ihren Problemen *erscheinen "[...] durchdringbar und schrittweise abarbeitbar [...]; es ist so gesehen 'problemlos'."* (Vgl. Ebenda, S. 175). Der dynamischen Kraft von Veränderungen wird hingegen nicht ausreichend Rechnung getragen. Plötzliche Entwicklungen (Überraschungen), wie sie unausweichlich mit komplexen Umwelten einhergehen (Luhmann 1991, S. 249 ff.), sollten in Veränderungskonzepten, wie der OE, ebenfalls berücksichtigt werden. OE sollte sich dabei nicht nur stetigen, sondern auch dynamischen Veränderungsprozessen stellen.

> *"Der OE-Ansatz startet bei einem stabilen Problemfeld und blendet Überraschungen, Diskontinuitäten etc. grundsätzlich aus. Spontane Anpassungsprozesse und selbstorganisierende Problemlösungen können in ihrer Bedeutung nicht erfasst werden. OE verharrt (vermutlich ungewollt) in einer Welt der Planbarkeit."* (Vgl. Ebenda).

Drittens versteht OE Wandelprozesse als ein fest umschreibbares Problem **(3)**. Wandelerscheinungen treten in sich geschlossen und temporär mit einem definierbaren Beginn und Ende auf. So folgt z.B. Wandel B auf einen Wandel A. Überlagerungen von verschiedenen Wandelprozessen wird die OE allenfalls nur unzureichend gerecht, obwohl bekanntermaßen Organisationen sich grundsätzlich in einer komplexen und unsicheren Situation befinden. Demnach muss auch die Steuerung von Organisationsentwicklung diesem Sachverhalt Rechnung tragen und kann demzufolge nicht als eine Lösung von linear abarbeitenden Problemen zur Verfügung stehen.

Schließlich beanstanden zitierte Autoren die Auffassung, ein Wandel sei als Sonderfall **(4)**, als Ausnahme von der Regel, aufzufassen. Diese Ansicht lässt sich zurückführen auf das Phasenmodell von Lewin (vgl. Abbildung 8, S.44), wonach jede Veränderung eine störende Episode in der Reihe von Gleichgewichten ist. Solche Episoden gilt es in diesem Modell rasch zu beenden, um so schnell wie möglich die Organisation wieder in ein Gleichgewicht zu bringen. Die Erhaltung des Gleichgewichtes, d.h. Stabilität, hat Priorität vor allen anderen Prozessen. Neuere Organisationskonzepte, wie z.B. die der autopoietischen

Systeme (vgl. 6.1, S.89), überwinden diesen Kritikpunkt, indem sie den Elementen des Systems einen ständigen konstitutiven Prozess des Entstehens und Vergehens zugestehen und Wandel die Motivation für einen stetigen andauernden Veränderungsprozess bedeutet.

Organisationsentwicklung soll vor dem Hintergrund der genannten Kritik jedoch nicht als völlig ungeeignet dargestellt werden. OE stellt in der Geschichte ein anwendbares Lösungskonzept für Lernprozesse in Organisationen dar. Sie bezieht das klassische Ziel der Überlebensfähigkeit ein und legt aber besonderen Wert auf die Entwicklungsfähigkeit, d.h. den Wachstum und den Fortschritt der Organisation. Sie löst sich (teilweise) vom Gleichgewichtsdenken à la Lewin oder Lawrence und Lorsch und erkennt den theoretischen Hintergrund von Entwicklung als ein neues Primat an. Die Berücksichtigung des Lernphänomens weist auch auf den Paradigmawechsel[46] vom "Maschinenmodell" zur menschenzentrierten Organisation hin.

OE muss sich jedoch die Kritik gefallen lassen, dass sich das Lernen allerdings nur auf das Individuum bzw. auf ein soziales Lernen in der Gruppe bezieht. Inwieweit diese Erkenntnisse auf Organisationen übertragen werden könnten, wird in den OE-Konzepten, wenn überhaupt, nur am Rande erwähnt. Hinsichtlich der LO findet Lernen auf einem relativ niedrigen Niveau statt.

Kurze Zeit später wird Lernen jedoch wieder als Entwicklungsmodell von Individuen (Gruppe) verstanden. Doch das darauf Hinarbeiten von möglichen Lernerfolgen, ausschließlich auf Individuen und Gruppen bezogen, kommt dem raschen Wandel nicht nach. Dies kann an dem Problem von Weiterbildung in Führungsetagen verdeutlicht werden, wenn nach dem Ablauf die aktuellen Probleme wieder ganz andere sind.

Die Krise als Störung verstanden unterschlägt selbstorganisatorische Prozesse völlig. OE degradiert die Organisation in diesem Zusammenhang durch die Hilfe eines Wandel-Beraters als ein passives Objekt, geleitet von externen (internen) Eingriffen. Organisationsentwicklung bzw. Personen, die als Berater tätig sind, stellen die Frage, wie Organisationen dem ständigen Bedarf nach Anpassung, Veränderung, Verbesserung, Reform, Krisenbewältigung oder Umstrukturierung gerecht werden können. Das Erkennen und die Diagnose von Problemen führt diese Akteure an. Je differenzierter sie das System beobachten und beurteilen, desto größer ist die Wahrscheinlichkeit, dass OE auf diesem Weg zum gewünschten Erfolg führt.

---

46    Unter einem "Paradigma" wird in der wissenschaftlichen Diskussion eine wissenschaftliche Fachgemeinschaft verstanden, die grundlegende Probleme und Methoden übereinstimmend definiert. Grundsätzlich ist innerhalb einer Wissenschaft ein Paradigma vorherrschend. In der Betriebswirtschaftslehre war dieses lange Zeit der mechanistische/tayloristische Ansatz. Zu einem Paradigmawechsel kommt es, wenn das alte Paradigma (neue) Probleme nicht mehr ausreichend erklären kann.

Trotzdem erfolgen die Eingriffe nach bereits erprobten Mustern (z.B. aus den Erfahrungen mit anderen Organisationen). Wissen wird von außen an die Organisation herangetragen. Wenn dieses externe Wissen, ausgehend von einem auf das Problem wirklich ausgerichteten Wissensbestand, in die Organisation nicht dauerhaft implementiert wird, erscheint OE obsolet. Auf Dauer muss hinterfragt werden, inwieweit langfristig tatsächlich Entwicklungen in Organisationen (effizient) stattfinden, die auch in der Zukunft Bestand haben können. Eine Frage, die sicher von Fall zu Fall unterschiedlich zu beantworten sein wird.

### 4.5 Von der Organisationsentwicklung zur Lernenden Organisation

OE unterstreicht entweder die Notwendigkeit der Anpassung an interne Faktoren (z.B. Mitarbeiter), oder sie hebt die Notwendigkeit heraus, Organisationen an externe Faktoren (Umwelt) anzupassen.[47] Klassische Managementhandlungen zielen demnach weitestgehend darauf ab, das System "stabil" zu halten, d.h. das Funktionieren seiner Teile zu gewährleisten. Dieses mechanistische Konzept von Management wird zwar durch die Öffnung des Systems zur Umwelt gelockert, d.h. die gegenseitige Abhängigkeit und die Notwendigkeit der Interaktion wird erkannt, doch werden Systeme durch die bisherigen Konzepte nicht in die Lage versetzt, selbstständig auf Umweltveränderungen zu reagieren oder Wechselwirkungen zur Aufgabe zu machen.

Willke (1994, S. 172) fasst das Problem der bisherigen OE-Ansätze in folgende Worte:

> "Die eine Strategie maximierte Anpassung auf Kosten der Identität [der Organisation, GL], die andere Identität auf Kosten der Anpassung."

An dieser Stelle kommt dem Begriff der *Identität* eine Bedeutung zu, die in Kap. 6.1 näher aufgegriffen wird. Beide Strategien zeichnen sich durch Partialerfolge aus. Einzeln scheinen sie den wachsenden Anforderungen eines Systems nicht gerecht zu werden.[48] Klassische OE ist nicht vollkommen in der Lage ist, als al-

---

47    Gerade in der Kontingenztheorie ist der Zusammenhang von Umwelt und System zum zentralen Thema geworden.

48    Am Rande bemerkt ist dies auch ein Problem der Kontingenz- und der Interorganisationstheorie, die die Offenheit des Systems gegenüber Umwelteinflüssen als zentrale These postulieren. Entwicklung sei als Anpassung an tatsächliche oder vermutbare Änderungen von Umweltbedingungen -weit interpretiert- zu verstehen und nicht als ein Prozess eigener Qualität. (Vgl. Bartöke 1980, S. 337). Willke hingegen fordert einen Paradigmawechsel, der an die Stelle "Offener Systeme" die Idee der "Operativen Geschlossenheit" komplexer Systeme setzt. (Vgl. Willke 1994, S.142-156 und S.173). Er veranschaulicht diesen Sachverhalt ausgehend aus nicht betriebswirtschaftlichen Diszi-

leiniges "Krisenkonzept" eingesetzt, den heutigen Umweltanforderungen gerecht zu werden; eine Betrachtungsweise, welche besonders bei sehr starken Umweltdynamiken und Wandelerfordernissen augenscheinlich werden kann.

Wendet sich die OE dem (erfahrungsbezogenen) Lernen in ihrer Konzeption durchaus zu, bezieht sich der Lernprozess jedoch (nur) auf die einzelnen Organisationsmitglieder bzw. auf Gruppen (Laboratoriumsmethode) und deren Qualifikation und Weiterbildung. Organisationales Lernen wird von Pedler et al. in einen metaphorischen Satz zusammengefasst: *"[...] the transformation or organization is seen as being similar to individual learning."* (Pedler zit. in. Dodgson 1993, S. 377).

Moderne Entwicklungstheorien haben nicht mehr das Gleichgewicht (Lewin) als Primat, sondern erkennen die Dynamik als Lernpotential. Dynamik fordert innerhalb des organisatorischen Geschehens den iterierten (fortlaufenden) Lernprozess. Dabei geht es nicht um bekannte lerntheoretische Strategien der Verhaltensänderung (z.B. durch Anreize, Sanktionen), sondern um die Möglichkeit, Systeme als lernende Institution zu betrachten. Der Organisation kommt, ausgehend von der Definition: Die Unternehmung ist eine Organisation, eine aktivere Rolle zu. Dies wird in der Literatur unter dem Begriff der *Organisationstransformation* (Organizational Transformation) geführt. Er unterscheidet sich von der OE durch die Betonung, die auf den Prozess der sich eigenständig entwikkelnden Organisation gelegt wird statt auf die Veränderung durch extern induzierte Interventionen (vgl. Pedler et al. 1991, S. 61). Die Organisation wandelt sich vom betrachteten Objekt zum handelnden Subjekt. Diese Transformation bedeutet mehr als nur eine triviale Anpassung an neue Gegebenheiten. Transformation beinhaltet die prozessorientierte Umwandlung und/oder Umgestaltung der Organisation mit Betonung ihrer Autonomie.

Organisatorische Transformation ist durch folgende Schlüsselfaktoren gekennzeichnet (vgl. Kakabadse und Fricker 1991, S. 75):

---

plinen: *"[...] Personen als Individuen oder [...] Mitglieder von Familien [mussten, GL.] aus 'internen Gründen' eher schwerste Krankheiten oder gar Selbstzerstörung in Kauf nehmen, als sich ihrer Umwelt anzupassen; oder dass Frösche eher verhungerten, als sich ihre interne Operationsweise auf veränderte Umweltbedingungen anzupassen. In ähnlicher Weise war für Ökonomen unerklärlich, warum gerade erfolgreiche, lange etablierte Firmen scheinbar sehenden Auges in den Ruin trieben, indem sie hartnäckig an ihrer Tradition und ihren geltenden Regeln kleben blieben, anstatt sich den veränderten Marktbedingungen anzupassen."* (Vgl. Willke 1995, S. 174).

**Abbildung 10: Schlüsselfaktoren der**
**Organisatorischen Transformation**

☞ *Geeignete Antworten auf Einflüsse aus der Unternehmens-*
*umwelt.* Keine blindlings über das Knie gebrochene Reaktionen auf Druck von außen.

☞ *Geeignete Antworten auf veraltete Organisationsstrukturen.*
Vermeidung von irrationalem Verhalten, widersprüchlichen
Botschaften, konfusen Aktivitäten und negativ ausgeprägter
Unternehmenskultur.

☞ *Geeignete individuelle Selbstentwicklung.* Vermeidung un-
klarer Rollen, schlecht definierter Aufgaben, emotionalen
Stresses und dysfunktionaler und unreifer Beziehungen.

*Quelle: In Anlehnung an: Kakabadse und Fricker (1991) S. 75*

Die LO stellt sich als ein Konzept, welches diese Forderungen in den Mittelpunkt stellt. Die folgenden Abschnitte wenden sich dieser Thematik zu.

# 5 Das Lernphänomen als Strategie von Unternehmensentwicklung

## 5.1 Das Phänomen "Lernen"

Eine erste neutrale Definition des Begriffs Lernen bietet Meyers Lexikon:

> *"Lernen stellt eine Verhaltensänderung aufgrund von Erfahrungen dar. Der Lernprozeß wird durch biologische, individuelle und soziale Gegebenheiten beeinflußt und vollzieht sich in allen Altersstufen. Wichtig ist die Motivation (Lernfreudigkeit). Lernen und Gedächtnis stehen in engem Zusammenhang. Da Wissen und Kenntnisse heute schnell überholt sind, ist das Ziel des Lernens nicht ein bestimmter Besitzstand von Kenntnissen und Fähigkeiten, sondern das 'Lernen des Lernens'."* (Meyers Lexikon 1983, Bd.2 S.403).

Für das Wandelproblem ist besonders das "Lernen des Lernens" von Bedeutung, wie in Kap. 5.6 (S.76) noch aufgezeigt wird.

Weitere Lern-Definitionen liefert vor allem die psychologische Literatur. Lernen beruht hieraus auf eine Änderung von Verhaltensweisen aufgrund von Erfahrungen (vgl. Schanz, H. 1979, S.71). Lernen ist darüber hinaus aber auch der Erwerb neuen Wissens, welches im Gedächtnis wiederauffindbar wird. *"Das Wissen (die Kognition) ist eine subjektive, selbst-referentielle, erfahrungsgeleitete Konstruktion des Gehirns."* (vgl. Kandel und Hawkins 1992, S.66).

Lernen soll i.w.S. verstanden werden als Begriff, welcher zwischen gelernten und nicht gelernten Fähigkeiten und Verhaltensweisen unterscheidet.[49] Diese Einschränkung leuchtet unmittelbar ein, wenn man sich vor Augen hält, dass eine Fähigkeit erworben, d.h. gelernt sein kann, jedoch -weil z.B. der Anreiz fehlt- nicht gezeigt wird.[50]

In diesem Sinne ist die Definition Foppas (1972, S. 13) anzuführen, der unter Lernprozessen folgendes versteht:

> *"Letzten Endes geht es dabei jedoch immer um die Frage, auf welche Art und Weise sich der Organismus den mannigfachen Anforderungen seiner Umwelt anpaßt. Der Anpassungsprozeß selbst entzieht sich freilich genauso jeder unmittelbaren Beobachtung wie das 'Gedächt-*

---

49  Zur Entwicklungsgeschichte des Lernens vgl. Sinz 1974, S.15f. Hier wird zwischen Phylogenese und Ontogenese differenziert. In der Ontogenese vollziehen sich -auf den phylogenetisch fixierten Strukturen aufbauend- die anpassenden Veränderungen des Verhaltens. Die dabei gewonnenen Fähigkeiten und Dispositionen sind nicht angeboren, sondern individuell erworben. In der Ontogenese finden also diejenigen Prozesse statt, deren Ergebnisse in der Mehrzahl als Lernen bezeichnet werden können.

50  (Vgl. dazu die Lerntheorie von Hull in Kap. 1.2.2).

*nis'. Wir betrachten deswegen nicht den eigentlichen Lernverlauf, sondern Leistungen irgendwelcher Art und deren Veränderungen. Wenn jemand in einer bestimmten Situation wiederholt etwas tut bzw. unterläßt, was er bisher unter entsprechenden Umständen nicht getan oder unterlassen hatte, oder wenn seine Leistungen rascher und sicherer ausgeführt werden als früher, sprechen wir von einem Lernprozeß.* "[51]

Lernen ist von Wahrnehmung bzw. von Beobachtung[52] abhängig, denn was nicht wahrgenommen wird, kann auch nicht in die Wissensbasis überführt werden. Aus psychologischer Sicht ist Lernen mithin ein Phänomen, das nicht unmittelbar beobachtbar ist, sondern erschlossen werden muss (vgl. Hofstätter 1970, S.195). Daher kann lediglich das Verhalten eines Menschen vor und nach bestimmten Ereignissen (z.B. Übungen) festgestellt werden, dessen Prozess als Lernen bezeichnet werden kann (vgl. Staehle 1991, S.188).

Lernprozesse setzen notwendigerweise ein Gedächtnis voraus, das es dem Lernsubjekt erlaubt, wahrgenommene Informationen zu erhalten, um auf künftige Anforderungen dieses Wissen zu reproduzieren. Fortschrittlicheres Lernen wird durch den Grad der Wahrscheinlichkeit gekennzeichnet, mit welcher ein Organismus auf eine spezifische Situation reagiert (vgl. Ebenda).

Estes (1970, S.101) definiert Lernen als *"[...] jede systematische Veränderung im Reaktionsverhalten eines Organismus, die als Folge vorangegangener Erfahrung nachgewiesen werden kann."* Klix gibt eine moderne Begriffsbestimmung über Lernen: *"Mit Lernen bezeichnen wir danach jede umgebungsbezogene Verhaltensänderung, die als Folge einer individuellen (systemeigenen) Informationsverarbeitung eintritt."* (Vgl. Klix 1979, S. 348).

Lernen bedeutet also einen durch Wahrnehmung und Selektion initiierten Prozess, welcher durch eine differenzierte Interpretation von Umweltsignalen schließlich in eine Handlung mündet. Für den Lernerfolg sind das Gedächtnis und das in ihm gespeicherte Wissen unabdingbare Bausteine.

---

51 Foppa versteht Lernen im klassischen Sinne als einen Anpassungsprozeß der Organisation an seine Umwelt. Fortschrittlichere Auffassungen setzen sich über das Primat der Anpassung hinweg (vgl. S. 89).

52 In der Wahrnehmungspsychologie und in der Kognitionswissenschaft wird mehr der Begriff der *Wahrnehmung* benutzt; in der Wissenssoziologie und Philosophie (Epistemologie) eher der Begriff der *Beobachtung*.

## 5.2 Lernbiologie und Lernpsychologie als erkenntnisbringende Grundlage

In diesem Abschnitt soll ein kurzer Einblick in den Lernprozess des Menschen gegeben werden. Nicht alle Erkenntnisse, die sich mit Lernen beschäftigen, können jedoch dargelegt werden. Es erfolgt eine Beschränkung auf wesentliche Teilbereiche, die für einen Zusammenhang von Entwicklungsprozessen in LO von Bedeutung sind.

Eine Vielzahl von Wissenschaftsdisziplinen beschäftigen sich mit dem Phänomen des menschlichen Lernens. Die Erkenntnisse sind auch für das Lernen in einer Organisation bzw. für organisationales Lernen von Bedeutung. So ist es durchaus hilfreich, Einblicke in den menschlichen Lernprozess zu gewinnen. Dazu sind insbesondere lerntheoretische Grundsätze zu berücksichtigen, insbesondere die Lernbiologie (Neurophysiologie), die sich mit den biologischen Vorgängen im menschlichen Gehirn befasst sowie die Lernpsychologie, die das Verhalten des Lernenden miteinbezieht.

Der Sinngehalt des Lernens ist darin zu suchen, dass ein *lernfähiger* Organismus in der Lage ist, sich in mehreren gleichartigen Lebenssituationen unterschiedlich zu verhalten (vgl. Foppa 1972, S. 63). Handelt es sich um unbeständige Verhaltensänderungen, so sind sie auf eine vorübergehende Erregung zurückzuführen. Beständige Verhaltensänderungen hingegen werden nur durch ein "Lernen" erreicht.

Es wird hierbei unterschieden zwischen *implizites* und *explizites* Lernen (vgl. Kandel und Hawkins 1992, S.68). Beim impliziten Lernen -einem Lernen, das allen Lebewesen gemein ist- werden Reize (Stimuli) unbewusst mit Reaktionen verbunden. Beim expliziten Lernen erfolgt der Lernvorgang durch eine "Denkleistung", indem ein Reiz (Stimulus) mit einem anderen Reiz assoziiert wird. Durch explizites Lernen wird zudem ein Gedächtnis aufgebaut, aus dem Informationen bewusst abgerufen werden.

Die Wahrnehmung von Umweltreizen erfolgt durch die Sinnesorgane, die diese wiederum in elektrische Impulse verwandeln. Diese Impulse werden über die Nervenfasern an das zentrale Nervensystem[53] weitergeleitet, wo sie entspre-

---

53  Das Nervensystem bildet die Gesamtheit des Nervengewebes als Funktionseinheit, die in Zusammenarbeit mit Rezeptoren (die für den Empfang bestimmter Reize empfindlichen Einrichtungen) und Effektoren (Nerven, die einen Reiz vom Zentralnervensystem zu den Organen weiterleiten) Reize aufnimmt, verarbeitet, teilweise speichert, koordiniert und beantwortet. In den Rezeptoren werden die aufgenommenen Signale umgeformt und kodiert. Besondere zuführende Nerven leiten die empfangenen Reize zu den zentralen Sammelstellen Gehirn und Rückenmark. Dort werden sie verarbeitet. Die Befehle dieser Zentren gelangen auf den ableitenden Nervenfasern zu den Organen der Körperperipherie, wo sie entsprechende Reaktionen auslösen. (Vgl. Meyers Lexikonverlag)

chend ihres Bestimmungsortes zugeordnet werden.[54] Operational ist das Nervensystem ein *geschlossenes Netzwerk* interagierender Neuronen. Eine Veränderung eines Neurons führt stets zu einer Veränderung eines anderen Neurons (vgl. Maturana 1982, S. 228).

Lernen kann demnach als ein im Gehirn des Menschen ablaufender *geschlossener Prozess* betrachtet werden, der auf die Reize und die Weiterleitung von Umweltsignalen abhängig ist. Die Summe dieser Umweltsignale, die sich im "Umweltrauschen" kumulieren, kann als Gesamtheit im Gehirn unmöglich verarbeitet und gespeichert werden. Dem Lernprozess muss daher ein *Selektionsprozess* vorausgehen, der aus der Fülle von Reizen die Informationen "herausfiltert", die für sein Handeln von Wichtigkeit sind (vgl. Teigeler 1972, S.56). Vor einem Lernprozess muss neben Selektion auch immer ein *Verlernprozess* stattfinden, nach welchem unwichtige Information aus dem Gedächtnis gelöscht werden.

Aus der Summe der Reize selektiert der Mensch unbewusst Informationen, die ihn interessieren oder die bei ihm Assoziationen auslösen. Das Interesse an Informationen bzw. an eigene Erwartungshaltungen führt die Lernmotivation an. Diese weckt die Aufmerksamkeit und begünstigt bzw. beschleunigt die Informationsaufnahme und -speicherung. Die durch Informationen hervorgerufenen Assoziationen wecken positive und negative Assoziationen. Während positive Assoziationen - durch Motivation verbunden - mit einer besseren Aufnahme und Verarbeitung der Informationen von statten gehen, führen negative Assoziationen zu einer *Lernhemmung* oder Denkblockade (vgl. Hagmüller 1985, S.87). Denselben Effekt haben fremde, unbekannte Informationen, die weder auf Interesse stoßen noch Assoziationen verursachen. Sie werden relativ schwer aufgenommen.

Der Mensch wird durch den kognitiven[55] Apparat zu Denkleistungen befähigt. Dieser besteht aus dem Ultrakurzzeitgedächtnis (UZG), dem Kurzzeitgedächtnis (KZG), dem Langzeitgedächtnis (LZG) und den Kanälen zwischen diesen "Speichern" (vgl. Ebenda, S.81). *"Die Sensorik als die Gesamtheit der Sinnesorgane soll als Eingangskanal zum kognitiven Apparat aufgefasst werden."* (Vgl. Macke 1978, S. 90).

---

54  Die *Nervenzelle* ist ein Bauelement des Nervengewebes. In ihr entstehen die nervösen Erregungen, die dann über unterschiedlich lange Fortsätze, die Nervenfasern, weitergeleitet werden. Die Nervenfasern mehrerer Nervenzellen schließen sich i.a. zu einem Faserbündel, dem Nerv, zusammen. Nervenzellen und Fortsätze in ihrer Gesamtheit bilden eine funktionelle, morphologische und genetische Einheit, das Neuron. Es entspricht der Zelle anderer Gewebe. - Jede Nervenzelle hat unterschiedlich viele Nervenfortsätze. Ein bestimmter Nervenfortsatz, der Neurit, leitet bei jeder Nervenzelle die Erregungen von der Zelle weg. Alle anderen Fortsätze (Dendriten) führen der Zelle Erregungen zu (vgl. Ebenda).

55  Unter dem Adjektiv "kognitiv" werden in der Pädagogik und der Psychologie all die Funktionen beim Menschen verstanden, die zum Wahrnehmen eines Gegenstandes oder zum Wissen über ihn beitragen.

Der biologische Lernprozess kann wie folgt beschrieben werden (vgl. Goldman-Rakic et al. 1992, S. 94): Das Gehirn besteht aus vielen Gehirnbereichen, in denen "Wissenselemente" gespeichert sind. Die einzelnen Bereiche des menschlichen Gehirns sind durch das Netz von Neuronen (Nervenzellen) verbunden, welche in ihrer Komplexität die Gedächtnisstrukturen des Individuums bilden. Die Wahrnehmung neuer Informationen führt bei Assoziationen zu neuen Neuronenverknüpfungen (vgl. Fischbach 1992, S.38).

Erbanlagen, Erziehung und Umwelt prägen zudem die Denkstrukturen von Menschen. Die linke Gehirnhälfte ist beispielsweise für verbales "Denken" zuständig, die rechte verarbeitet grafische Informationen (vgl. Heineken et al. 1985, S.77). Durch die Benutzung der verschiedenen Sinneskanäle des Menschen werden unterschiedliche Bereiche des menschlichen Gehirns angesprochen (vgl. Fischbach 1992, S.40).[56]

Neben der Lernbiologie lassen sich weitere Erkenntnisse hinsichtlich des Lernens der *Lernpsychologie* entnehmen. Die Lernpsychologie als Teildisziplin der Psychologie beschreibt die bewussten und unbewussten Lernvorgänge sowie das Verhalten des Lernsubjektes. Sie beschreibt

> *"[...] die Bedingungen, unter denen es zu [...] 'Verhaltensänderungen' kommt. Sie untersucht die Faktoren, durch welche die Erinnerung gesteuert wird, analysiert den Verlauf des Vergessens und stellt fest, wie sich verschiedene Lernprozesse wechselseitig beeinflussen." (Vgl. Vester 1982, S. 97).*

Ein Lernprozess ist ein Komplex von bewusst vorgenommenen Handlungen, durch die der Lernende ein Lernziel erreicht. Innerhalb der Lernpsychologie spielt die Wahrnehmungspsychologie eine wichtige Rolle, denn vor der bewussten Aufnahme muss eine entsprechende Wahrnehmung erfolgen. Wahrnehmung wird bezeichnet als

> *"[...] Prozeß des Informationsgewinns aus Umwelt- und Körperreizen (äußere und innere Wahrnehmung) einschließlich der damit verbundenen emotionalen Prozesse und der durch Erfahrung und Denken erfolgenden Modifikationen." (Vgl. Fröhlich 1990, S. 365).*

---

56  Da die einzelnen Bereiche des Gehirns bei jedem Menschen unterschiedlich ausgeprägt sind, können folgende Lerntypen unterschieden werden (vgl. Vester 1982, S. 97): visueller Lerntyp (Beobachtung), auditiver Lerntyp (Hörtyp), haptischer Lerntyp (Anfassen und Fühlen), verbal-abstrakter Lerntyp (Text und Formeln), Gesprächstyp (Verstehen durch Kommunikation).

Der Lernvorgang umfasst damit die Phasen der Wahrnehmung, des Aufnehmens, der Verarbeitung, des Speicherns und der Reproduktion.[57]

Lernbiologie und Lernpsychologie beschreiben die Vorgänge des Lernens bzw. das Verhalten von Lernenden; sie gehen allerdings nicht auf die Vorgänge des Lernens ein. Wie Lernprozesse verlaufen, wird in unterschiedlichen Theorien aufgegriffen und beschrieben. Man kann dabei zwischen den beiden wichtigsten Lerntheorien unterscheiden: Die "Stimulus-Response-Theorie" sowie die "Kognitive Lerntheorie".

### 5.3    Überblick über die wichtigsten Lerntheorien

#### 5.3.1  Stimulus-Response-Theorie

Der Vorgang des Lernens wird durch zahlreiche Theorien erklärt, z. B. durch die Verknüpfung von Reiz und Reaktion (behavioristische bzw. neobehavioristische Lerntheorie), durch das Lernen durch Einsicht (kognitivistische Lerntheorie), dem Lernen durch Nachahmung (Identifikationslernen) und Lernen durch Informationsverarbeitung (vgl. Hüholdt 1993, S.131ff.).

Traditionell wird die Fähigkeit zu lernen als ein Merkmal von Individuen angesehen und ein Lernprozess wird dann unterstellt, wenn ein Individuum auf einen gleichen oder ähnlichen Reiz (Stimulus) in einer von früherem Verhalten signifikant abweichenden Weise reagiert (Response) (vgl. Foppa 1972, S. 65). Derartige Stimulus-Response-Theorien (Reiz-Reaktions-Modelle oder S-R-Theorien) kennzeichnen den *Behaviorismus*, in welchem der Lernprozess in einer "blackbox" stattfindet. Der Mensch, als "schwarzer undurchschaubarer Kasten" aufgefasst, erhält Reize aus der Umwelt (Situation), verarbeitet sie irgendwie und antwortet mit bestimmten Reaktionen. Dieser Sachverhalt soll in Abbildung 11 als Modell des *"Trivialen Systems"* verdeutlicht werden.

---

57    Zur zusammenfassenden Darstellung über Lernpsychologie vgl. Brigitte Zürn (1994): Konzeption eines Interaktiven Lernsystems zur Aufstellung des Jahresabschlusses, (Diss.) Bamberg, S. 17-41.

**KOMPLEXITÄT**                                                      **KONTINGENZ**

VERARBEITUNGSMECHANISMUS
VON WAHRGENOMMENEN SIGNALEN
IST DER INSTINKT

Wahrnehmung ────────────▶ Handlung ────────▶

Stimuli/Signale

MOTIVATION UND STEUERUNG DURCH PRIMAT DES "ÜBERLEBENS"!

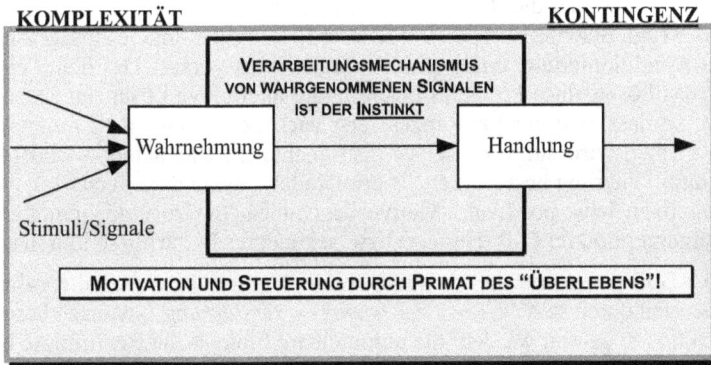

*Quelle: In Anlehnung an: Willke (1993) S. 42*

Von einem Lernen kann hier ausgegangen werden, wenn die Handlungen eines sozialen Systems als Reaktion auf bestimmte Reizsituationen angenommen werden. In einem trivialen System findet ein Lernprozess in einer komplexen und durch Zufälligkeit gekennzeichneten Umwelt statt. Die Handlung erfolgt nach der Verarbeitung eines Signals. Verarbeitet wird das Signal *instinktiv* durch die verarbeitenden Systemmitglieder. In der S-R-Theorie wird zwischen zwei Erklärungsansätzen von Lernen unterschieden[58], das Lernen

1. nach dem Kontiguitätsprinzip und
2. nach dem Verstärkerprinzip.

Beide sollen kurz erklärt werden, da sie den klassischen Umgang von Organisationen mit ihrer Umwelt (Umweltreizen) beschreiben helfen. Nach dem von Guthrie aufgezeigten *Kontiguitätsprinzip* erfolgt das Lernen durch eine bedingte Reaktion durch Übung und kann nur durch Übung erhalten werden (vgl. Correll 1964, S. 21). Das bedeutet, dass eine Assoziation von Reizen nur zu einem Lernerfolg führen kann, wenn sie in Folge räumlich und zeitlich zusammentreffen. Bei dieser wiederholten Kopplung zeitlichen Zusammentreffens (z.B. von Reiz u. Reaktion, Kontiguität) bleibt der Organismus passiv, d.h. er wirkt nicht selbst auf die Umwelt ein, sondern reagiert lediglich auf Umweltreize. Aufgrund des einfachen Zusammenhanges von Reiz und Reaktion spricht man dabei auch vom klassischen Konditionieren.

Das Lernen nach dem *Verstärkungsprinzip* hat ein Lernen aufgrund der Konsequenzen von bestimmten Verhaltensweisen zur Folge. Das von Thorndike entwickelte *"Trial and Error"*-Verfahren (Versuch und Irrtum) bezieht die Reaktion

---

58    vgl. hierzu u.a. Correll 1964, S. 19-23 / eine Übersicht gibt Staehle 1991, S. 189-194.

der Umwelt auf die eigenen Handlungen ein. Dabei probiert der Organismus ziellos herum und zieht aus den Reaktionen, die ihm die Umwelt gibt, evt. einen Lernerfolg. Dabei hat die Reaktion zur Erreichung des Erfolges instrumentellen Charakter (vgl. Staehle 1991, S.192). Dieser Erfolg setzt, im Gegensatz zur klassischen Konditionierung, einen aktiven Organismus voraus. Das heißt, es müssen für das Lösen eines Problems eigenständig alternative Lösungen ausprobiert werden, so dass sich ein Lernprozess erst nach der gezeigten Reaktion bildet. Dieses Prinzip wird aufgrund seines instrumentellen Charakters als instrumentelle Konditionierung bezeichnet. Als primäre bzw. sekundäre Verstärker werden die (negativen bzw. positiven) Motive verstanden, die zu einer unmittelbaren Befriedigung primärer (z.B. Hunger) bzw. sekundärer Bedürfnisse führen sollen.

Clark L. Hull erweiterte die bisherige reizabhängigen bzw. verhaltensabhängigen Theorien durch sein *"Gesetz der primären Verstärkung"*, wonach besonders die Reaktionen gelernt werden, die unmittelbare biologische Bedürfnisse befriedigen können.

Die bekannteste Lerntheorie nach dem Verstärkungsprinzip ist der Ansatz der *"operanten Konditionierung"* nach *Skinner*. Das Neue an seiner Theorie ist die Forderung nach einem aktiven Verhalten auf Umweltreize, d.h. der Organismus muss aktiv in die Umwelt eingreifen, um bestimmte Erfolge zu erzielen. Dieses "Lernen durch Erfolg" ist ein wichtiger Bestandteil in einer Organisation. Durch Anreize (z.B. Anerkennung) kann ein positiver Wirkungszusammenhang von Handlung und individuell erfahrenem Erfolg entstehen, der sich auch positiv auf die gesamte Organisation auswirken kann.

### 5.3.2 Kognitive Theorie

Die kognitive Lerntheorie[59] ist dadurch gekennzeichnet, dass sie auf die Wahrnehmung von Reizen und ihre Organisation, sowie die Struktur des Bewusstseins eingeht. Gelernt werden demnach nicht Verhaltensweisen, sondern Regeln, auf denen die Verhaltensweisen bauen. Der Mensch wird nicht mehr als "blackbox" betrachtet. Vielmehr werden die kognitiven Vorgänge im Individuum in den Vordergrund gestellt.

Bei der Wahrnehmung und einem anschließenden Lernprozess soll Geschlossenheit und Vollständigkeit entwickelt werden. Der bereits bekannte Satz "Das Ganze ist mehr als die Summe seiner Teile" umschreibt den konzeptionellen Rahmen des kognitiven Ansatzes.

Im Gegensatz zu den Stimulus-Response-Theorien greifen die kognitiven Lerntheorien auf das S-O-R-Paradigma (Stimulus-Organismus-Response) zurück.

---

59 Hauptvertreter kognitiver Lerntheorien ist Piaget (vgl. die Darstellung seiner Lernpsychologie in Furth 1972).

*"Dabei wird der Organismus als ein selbständiges System gesehen, welches durch Wahrnehmen, Erkennen und Nachdenken (Kognition) zu Einsichten kommt (Lernen durch Einsicht)."* (Vgl. Staehle 1991, S. 194).

> *"Der Organismus strukturiert seine Wahrnehmungen in Hinsicht seiner Vorstellungen über die ihn umgebene Umwelt. Der Mensch steht in einem reflexiven Austausch mit seiner Umwelt. Er wählt aufgrund individueller reflektierter Erfahrungen, Erwartungen und Überzeugungen Verhaltensweisen aus und schafft somit seine eigene Umwelt."*
> *(Vgl. Klimecki et al. 1991, S. 128).*

Nach Ansicht von *Edward C. Tolman* bildet sich der Organismus zunächst eine vorläufige "Karte" seiner Umwelt (map), mit derer Hilfe alle wahrgenommenen Reize in eine zeitlich-räumliche Struktur gebracht werden. Besteht in einer neuen Situation diese Karte noch nicht, sind die *Erwartungen* über mögliche Problemstrukturen relevant. Treten diese Erwartungen auch tatsächlich ein, erfährt der Organismus ein Erfolgserlebnis. *"Gelerntes Verhalten ist nach kognitiven Lerntheorien also nicht das Ergebnis von Triebreduktionen oder reiz- bzw. reaktionsabhängiger Verstärkung, sondern zielgerichtetes Problemlösungsverhalten auf der Grundlage von Erwartungen über Umweltzustände [...]."* (Vgl. Ebenda S. 195). Bereits hier lassen sich selbstorganisatorische Ideen erkennen, wenn Tolman dem Organismus, i.w.S. der Organisation, die Fähigkeit der Schaffung einer eigenen Wirklichkeit zuspricht.[60] Das Handeln des Menschen wird nicht mehr nur durch seine Umwelt (Stimuli) oder erfolgreichen Handlungen gelenkt, sondern durch seine Denkvorgänge. Die kognitive Lerntheorie bietet demnach Hilfestellung zur Betrachtung von Lernprozessen in Organisationen dar.

Neben den Grundlagen kognitiver Lerntheorien muss bei einem organisationalen Lernen zwischen drei Lernebenen unterschieden werden. Dodgson stellt im Rahmen einer Literaturauswertung über organisationales Lernen fest:

> *"Learning is a dynamic concept, and its use in theory emphasizes the continually changing nature of organizations. Furthermore, it is an integrative concept that can unify various levels of analysis: individual, group, corporate, which is particulary helpful in reviewing the cooperative and community nature or organizations."* *(Vgl. Dodgson 1993, S. 376).*

---

60  In einem weiteren, umfangreicheren Verständnis bewegt sich der Informationsverarbeitungsansatz, der systemorientiert den Menschen primär als offenes kybernetisches, informationsverarbeitendes System betrachtet. Das Individuum bildet sich ein Modell der Situation seiner Umwelt aus Sicht seiner Wertvorstellungen. Allerdings wird der Mensch hier als "black-box" betrachtet. Es wird lediglich der Input bzw. der Output gemessen, so dass das Innere im Organismus lediglich hypothetisch beschrieben werden kann.

Organisationales Lernen bedarf hiernach einer Analyse der Lernträger Individuum, Gruppe sowie System. Der nächste Abschnitt wendet sich daher den Trägern von Lernprozessen zu.

## 5.4 Träger von Lernprozessen

### 5.4.1 Individuelles Lernen

Das Individuum nimmt als Element eines sozialen Systems eine einflussreiche Rolle ein. Organisationen können zwar in gewisser Weise unabhängig von den Organisationsmitgliedern existieren, was sich z.b. dadurch zeigt, dass Menschen austauschbar sind. Dennoch ist eine wirtschaftliche Organisation ohne seine Organisationsmitglieder nicht denkbar. Da Organisationen sozioökonomische Zweckgebilde sind, dabei mehr oder weniger bewusst von Menschen geschaffen und gestaltet werden, wird deutlich, dass dem Menschen als Strukturgestalter und Träger von organisationalen Aufgaben eine bedeutsame Funktion zukommt. Es kann daher davon ausgegangen werden, dass das Individuum als die kleinste Organisationseinheit fundamentaler Träger von organisationalen Lernprozessen ist:

> "[...] individuals are the primary learning entity in firms, and it is individuals which create organizational forms that enables learning in ways which facilitate organizational transformation." (Vgl. Dodgson 1993, S. 378).

Lernprozesse bedingen der physischen und kognitiven sowie der sozialen Fähigkeiten des Menschen. Die Bedeutsamkeit liegt darin, dass diese Fähigkeiten während der Zugehörigkeit in der Organisation erheblichen Einfluss zunächst auf den einzelnen Organisationsteilnehmer und i.w.S. auch auf die Organisation besitzt. So ist die Arbeitszufriedenheit des Individuums einerseits und die Gestaltungsprozesse für die Überlebensfähigkeit der Organisation andererseits bedeutungsvoll.

Die Summe individueller Lernprozesse ist nicht mit einem organisationalen Lernen gleichzusetzen. Dennoch bleibt unbedingt festzuhalten, dass individuelle Lernprozesse unerlässlich für ein organisationales Lernen sind. Ohne einzelne Lernerfolge kann ein Lernen höherer Ordnung nicht entstehen.

Neben den behavioristischen Lerntheorien bieten die kognitiven Lerntheorien einen "erklärungsmächtigeren" Ansatz, da diese die kognitiven Vorgänge im Menschen, d.h. den Prozess der *geistigen Codierung* (Probst et al. 1994, S.62) zwischen Stimulus und Reaktion, erklären können.

Lernen in der Organisation bedeutet eine individuelle Auseinandersetzung des Menschen mit seiner Umwelt auf der Grundlage seiner kognitiven Fähigkeiten. Grundlage des Prozesses dieser Auseinandersetzung ist die *Beobachtung* der

Umwelt. Sind Individuen in der Lage, von den gemachten Beobachtungen auf andere Situationen zu abstrahieren, kann ein höheres Lernen stattfinden, dessen entscheidender Faktor die Fähigkeit von Selbstregulierungen ist. Individuen regulieren anhand intern vorhandener Standards (z.B. Werte). Individuen haben dabei gewisse Erwartungen über die künftige Realität, die über ein nicht genau zu bestimmenden Umfang differieren können. Es wird dabei wichtig, dass alle Handlungen, die die von ihnen geschaffenen *Differenzen zwischen Erwartungen und Realität* so klein wie möglich halten sollen, immer wieder reflektiert werden. Ohne diese *Selbstreflexion* ist ein höheres Lernen ebenfalls nicht möglich (vgl. Ebenda).

### 5.4.2 Soziales Lernen

Individuen finden sich zielgerichtet in Gruppen zusammen.[61] Ausgehend von der Erkenntnis, dass Individuen Träger von Lernprozessen sind, ist davon auszugehen, dass auch Gruppen Träger von Lernprozessen sein können.[62]

Das Lernen in der Gruppe besitzt jedoch eine andere Qualität als individuelles Lernen (vgl. Miller 1986, S. 209 ff.). Das Lernen wird geprägt durch die sozialen Interaktionsformen, d.h. den sozialen Beziehungen und den darüber hinaus notwendigen *Kommunikationsprozessen*. Letzteren kommt dabei eine hohe Bedeutung zu, denn *"je 'besser' die kommunikativen Prozesse (dargestellt durch Inhalt und Umfang der Dialogfähigkeit), desto besser die kollektive Lernfähigkeit."* (Vgl. Probst 1994, S.64).[63]

Die Individuen formulieren in der Gruppe ihre eigenen Erwartungen, Normen und Werte, die zu neuen Standards und höheren Zielen, verglichen mit denen des Individuums führen. Hinzu wird die Gruppe durch ihre individuellen Rollenerwartungen gesteuert. Die Gruppe ist demnach Träger von *Lernprozessen einer neuen Qualität*, weil sie unterschiedliche Verhaltenserwartungen als eine Folge von dynamischen (konfliktgeladenen) Prozessen in ihr Wesen einschließt, wonach sich auch die Leistungen der Gruppe verändern können. Hedberg weist darauf hin, dass organisatorisches Lernen eine andere Qualität besitzt:

---

61 Eine Gruppe existiert aus systemtheoretischer Sicht aus einer nicht fest definierten Anzahl von Elementen. Gruppen können daher als Subsysteme bezeichnet werden.

62 Ein Ergebnis der Laboratoriumsmethode, welche sich mit dem Lernen von und in Gruppen beschäftigt. In modernen Gruppenkonzepten wird gerade nach dieser Erkenntnis auf den effizienzsteigernden Faktor "Lernen" gesetzt, wenn z.B. in der Automobilindustrie gruppendynamische Konzepte umgesetzt oder realisiert werden sollen.

63 Es ist offensichtlich, dass soziales Lernen vom produktivitätssteigernden Lernen unterschieden werden muss. Ersteres führt durch eine neue Art untereinander zu kommunizieren zu einem veränderten Betriebsklima, während letzteres ausschließlich auf das *Ergebnis* (den betriebswirtschaftlichen *Output*) von Lernprozessen ausgerichtet ist.

*"Although organizational learning occurs through individuals; it would be a mistake to conclude that organizational learning is nothing but the cumulative result of their members' learning." (Vgl. Hedberg 1981 b, S.3).*

Individuelle Lernerfolge sind demnach nicht einfach aufzuaddieren. In diesem Fall könnte die Organisation auch auf dem jeweiligen individuellen Lernniveau bleiben und die Notwendigkeit eines höheren Lernens abschwächen. Dieses autonome Lernen ist vom relativen Lernen zu differenzieren, welches den Wissensstand des Einzelnen zu dem kollektiven Wissensstand in Bezug auf bestimmte Problemsituationen relativiert. Ein wirkliches Gruppenlernen findet durch *fundamentales* Lernen statt (vgl. Miller 1986, S. 138). Dieses Lernen ist ganz auf die Gruppe fixiert. Durch dieses fundamentale Lernen wird durch die Individuen ein kollektives Wissen geschaffen. Dieses Wissen spiegelt die Erwartungen und Werte aller Individuen wider, so dass diese neue Wissensbasis auf den Säulen der Gruppenmitglieder basiert. *"Die strukturelle Beschränktheit individueller Wissensbestände wird überwunden."* (Probst 1994, S. 64).

Nach der Feststellung, dass neben Individuen auch Gruppen Träger von Lernprozessen sind, kann das Lernen auf einer höheren Ebene betrachtet werden, der der Organisation.

### 5.4.3 Lernen des Systems

Gemäß der Aussage, dass das Ganze mehr als die Summe seiner Teile ist, ist das Organisationslernen auch mehr als die Summe individuellen Lernens. Lernprozesse des Individuums oder der Gruppe sind demnach nicht gleichzeitig Lernprozesse von Organisationen. In dieser Abgrenzung individuellen von organisationalen Lernens finden sich auch unterschiedliche Erklärungsansätze des organisationalen Lernens.[64]

Der Betrachter bewegt sich an der Schnittstelle von individuellem Lernen zu einem organisationalen Lernkonzept. Sicher gibt es Lernprozesse von Elementen und Subsystemen, die mangels Autorisierung zwar das Verhalten der Organisation, das ihr zugerechnet wird, beeinflusst. Dennoch muss zwischen Lernprozessen von Individuen und Lernprozessen von Organisationen unterschieden werden.

Der Unterschied zwischen beiden Lernkonzepten ist die Fähigkeit der Organisation, im Laufe ihrer Geschichte *Lernsysteme* zu entwickeln, die sich in Symbolen, Leitlinien, Werten und Normen der Organisation widerspiegeln. Fiol und Lyles behaupten zudem, dass Organisationen grundsätzlich unabhängig von den jeweiligen Mitgliedern sind. (Vgl. Fiol und Lyles 1985, S. 804).

---

64  (Vgl. u.a. die Einleitung von Probst und Büchel, 1994).

Dass diese Unabhängigkeit nicht aufrecht erhalten werden kann, sondern vielmehr mannigfache Beziehungen zwischen Individuen und Organisationen bestehen, hält Harald Geißler in vier Thesen fest (vgl. Geißler 1991, S.95). Demnach wird das Organisationslernen als die Änderung des organisatorischen Steuerungspotentials mit internen und externen Aufgaben und Problemen verstanden (1). Diese Änderungen sind einerseits das Resultat von individuellen Lernprozessen, andererseits auch Anlaß für individuelle Lernprozesse derjenigen Organisationsmitglieder ist, die in das Organisationslernen bisher noch nicht involviert waren.

Dazu fordert Organisationslernen individuelle Lernanstrengungen (2). Großen Lernanstrengungen seitens einzelner Organisationsmitglieder oder auch von Organisationsgruppen können nur sehr geringe oder auch gar keine Lernerfolge der Organisation gegenüberstehen.

Die dritte These greift genau das Gegenteil auf, nach welcher auch minimale Lernanstrengungen zu großen Lernerfolgen der Organisation führen können (3). Voraussetzung ist, dass an den strategischen Schlüsselpositionen in der Organisation Mitarbeiter sitzen, die für ein Organisationslernen besonders wichtig sind. Diese haben für ein Organisationslernen eine sehr hohe Bedeutung; sie besitzen eine relativ hohe Akzeptanz bei allen Organisationsmitgliedern und werfen nur geringe Realisierungsprobleme auf, die deshalb nur geringe Lernprozesse von den Organisationsmitgliedern verlangen.[65]

Doch diese "glückliche" Konstellation ist nicht die Regel (4). Ursache ist, dass nicht alle strategischen Positionen von besonders hoch qualifizierten Organisationsmitgliedern besetzt werden können, da derartiges Personal auf dem internen (in der Organisation) wie externen Personalmarkt nicht immer ad hoc abrufbar ist. Es genügt demzufolge nicht, Organisationslernen auf nur wenige strategische Instrumente aufzubauen.

Lernprozesse sollten, gemäß der obigen Beschreibung individuellen Lernens, als Ergebnis Verhaltensänderungen zur Folge haben. Unternimmt man den Versuch, diese Erkenntnis auf Organisationen zu transformieren, kann die Frage gestellt werden, ob eine Organisation ebenfalls Verhaltensstrukturen aufweist und wie sich organisatorisches Verhalten verändern kann. Man müsste der Organisation eine gewisse Selbständigkeit zusprechen, um diese Frage beantworten zu können.

Zunächst muss fixiert werden, wer überhaupt das Verhalten einer Organisation nach innen wie nach außen repräsentiert. Da in der Realität die Transformation biologischer Erkenntnisse von Organismen und Systemen nicht eindeutig in die Organisationstheorie implementiert werden kann, kann davon ausgegangen werden, dass dieses Verhalten von Menschen beschrieben wird. Dies geschieht nicht

---

65     Es kann bei diesen (wichtigen) Mitarbeitern die Frage gestellt werden, was diese Menschen können müssen, d.h. welche Ausbildung bzw. welche besondere Qualifikation sie für ein organisationales Lernen wichtig machen.

von allen Organisationsmitgliedern, sondern von einer selektiven Auswahl von Mitgliedern, die besonders im Außenverhältnis der Organisation als Management wahrgenommen wird. Das Verhalten der Organisation wird demnach durch das einer relativ kleinen Gruppe einer Organisation determiniert. Auf dieser Grundlage kann das Problem des Organisationslernens gezielter betrachtet werden. Die o.g. biologischen und evolutionären Untersuchungen und die vielfachen Interpretationsversuche auf betriebswirtschaftliche Organisationen sind nicht zu vernachlässigen. Ganz im Gegenteil: Sie bieten Hilfestellungen, betriebswirtschaftliche Zusammenhänge, ganz besonders auf das Organisationslernen bezogen, zu verdeutlichen und zu erklären.

Die durch wiederholt gemachte Erfahrungen gewonnenen Lernprozesse müssen für eine spätere Anwendung im Gedächtnis gespeichert werden. In diesem Gedächtnis sind neben diesen Erfahrungen ganz besonders auch die sozialen *Rahmenbedingungen* (Kultur, Denkweisen etc. vgl. unten) gespeichert.

Eine biologische Beschreibung der Funktionsweise menschlicher Gehirne i.S. von Maturana oder Varela[66] kann für die Beschreibung eines organisationalen Gedächtnisses Hilfestellung leisten. Eine bedingte Abstraktion führt Hedberg herbei, (vgl. Hedberg b 1981, S.6), indem er äußert:

> *"Organizations do not have brains, but they have cognitive systems and memories. As individuals develop their personalities, personal habits, and beliefs over time, organizations develop world views and ideologies. Members come and go, and leadership changes, but organizations' memories preserve certain behaviors, mental maps, norms and values over time."*

Ausgehend von der Austauschbarkeit von Organisationsmitgliedern, spricht Hedberg der Organisation sg. *kognitive Karten (maps)* sowie ein *Wissenssystem* zu, in welchem Erfahrungen von vergangenen Verhaltensweisen der Mitglieder, Normen und Werte sowie Mythen und Ideologien über einen längeren Zeitraum hinweg gespeichert sind. Grundlage von kognitiven und "erinnerungsfähigen Systemen" (Hedberg) ist der Erwerb einer organisationalen Wissensbasis, die vom Individuum unabhängig ist und über das Wissen der sozialen Gruppe hinausgeht.[67] Durch diesen Kontext werden Erklärungszusammenhänge erhalten,

---

66  Eine eventuelle Transformation aus der Biologie des Gedächtnisses hinüber zu einem vergleichbaren Gedächtnis der Organisation im Sinne der empirischen Untersuchungen Maturanas und Varelas führt für eine betriebswirtschaftliche Beschreibung etwas zu weit (vgl. Humberto Maturana 1985: "Erkennen: Die Organisation und Verkörperung von Wirklichkeit"), kann aber durchaus Hilfestellungen und Anregungen geben.

67  Probst und Büchel führen zum besseren Verständnis einer Differenzierung von individueller und organisationaler Wissensbasis folgendes Beispiel an: *"Ein Angestellter in der Lohn- und Gehaltsabrechnung der fiktiven Firma Optik AG erarbeitet am Ende jedes Monats eine Gehaltsabrechnung nach bestimmten, vom Management festgelegten Regeln. Über Trial- und Error-Prozesse ermittelt der Angestellte eine optimierte Vorge-*

Führungsgrundsätze bewahrt und Arbeitsabläufe gespeichert, die im Gedächtnis der Organisation festgehalten werden.

Es stellt sich dabei die Frage, welche Strukturen in einer Organisation existieren müssen, um Lernfähigkeit vollkommen entwickeln zu können. Organisationale Lernfähigkeit muss aus diesem Grunde etwas ganz anderes als individuelles Lernen oder Gruppenlernen sein, da es zur Realisierung bestimmter Strukturen bedarf, welche für ein individuelles bzw. soziales Lernen nicht oder nur bedingt notwendig sind. Die Frage, welche Strukturen und Prozesse dazu geschaffen werden können, Lernfähigkeit voranzutreiben, wird sich an späterer Stelle etwas ausführlicher gewidmet.

Im folgenden Abschnitt wird versucht, die Komplexität des "Organisationalen Lernens" weiter einzugrenzen, um darauf aufbauend das grundlegende Konzept erläutern zu können.

### 5.5 Konzeptionelle Beschreibung organisationaler Lernsysteme

Eine allumfassende Definition über Lernende Organisationen in der Literatur zu finden, ist mit Schwierigkeiten verbunden, da es keine übereinkommende Vorstellung von LO gibt und in den Auffassungen des Konzeptes Unsicherheiten und grobe Unterschiede existieren.[68]

Neben dem bekannten individuellen Lernen lassen sich grundsätzlich zwei Strömungen des organisationalen Lernens charakterisieren:

Zum einen wird das Lernen von Organisationen als das *stellvertretende Lernen* der Organisationsmitglieder verstanden (vgl. Abbildung 12: Ebene 2). In der Regel wird dieses stellvertretende Lernen von einer bestimmten Auswahl von Personen in der Organisation wahrgenommen (Management, Unternehmer). Dieses Lernen steht in einem engen Zusammenhang zur Macht in der Organisation, da das in individuellen Lernprozessen innerhalb dieses bestimmten Personenkreises erworbene Wissen bessere Möglichkeiten hat, in die organisatorischen Entscheidungsprozesse einzufließen (vgl. Pautzke 1989, S. 103f.).

---

*hensweise. Wird dieses Ermittlungsverfahren registriert und festgelegt, so hat die Organisation Wissen erlangt, das unabhängig von einem Individuum existiert."* (Probst, Büchel 1994, S. 18).

68    Vgl. einige aktuelle deutschsprachige Definitionsansätze u.a. in Schreyögg und Noss 1995, S. 174 / Probst und Büchel 1994, S. 17 / Staehle 1991, S. 842f. / Pawlowsky 1994, S.262 f. Eine stichwortartige Übersicht zeigt die Übersicht im Anhang S.110.

Abbildung 12: Die verschiedenen Lernebenen

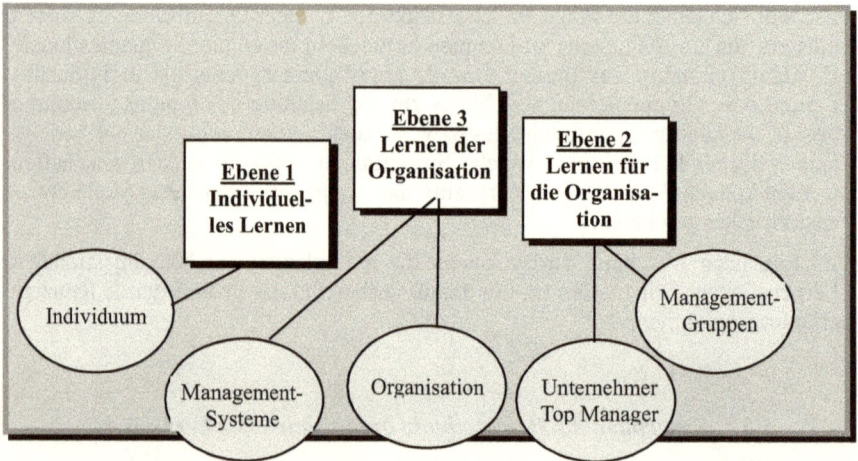

*Quelle: Datenmaterial aus: Staehle (1991) S. 844*

Zum anderen wird der Organisation die Fähigkeit unterstellt, selbstständig ko-gnitive Lernprozesse zu gestalten. Geißler (1991, S.81) versteht die Organisation in ihrer Gesamtheit als das *Subjekt* für Lern- und Veränderungsprozesse. Lernen findet demnach nicht mehr allein auf individueller Ebene statt, sondern wird auf der Ebene der gesamten Organisation bzw. der Organisationseinheit (Ebene 3 in Abbildung 12 gehoben. Der Unterschied organisationalen Lernens vom indivi-duellen Lernen (Ebene 1) existiert zudem in den vielfältigen *Rahmenbedingungen*, in denen Lernprozesse stattfinden. So wird das Lernen einer Organisation nach gewissen Äußerlichkeiten geordnet, zusammengefasst in der *Organisationskultur*, die äußerlich nicht beobachtbar sind (vgl. Kap. 5.7).

Neben diesen zwei Strömungen wird versucht, *"[...] in differenzierter Weise Prozesse zu identifizieren, die ein Lernen von Organisationen jenseits einer Per-sonifizierung erklären können."* (Vgl. Pautzke 1989, S.104). Das heißt, organi-sationales Lernen bedeutet die Veränderung eines von allen Organisationsmit-gliedern geteilten Wissens (vgl. Knyphausen 1988, S.6).[69] Die Organisation er-scheint als Gemeinschaft geteilter Selbstverständlichkeiten (vgl. Etzioni 1975, S. 20ff.), nach welcher die Bedeutung eines gemeinsamen Wissensbestandes betont wird.[70]

---

69 Duncan und Weiss (1979, S. 86) formulieren: Organizational Knowledge *"[...] is com-municable, consensual, and integrated knowledge"*.

70 Kirsch kritisiert an dieser Begriffsauffassung, dass notwendige Veränderungen dieses Wissens nicht berücksichtigt werden. Er versteht das organisatorische Lernen daher als

Eine modernere Begriffsbestimmung lernender Organisation liefern Pedler et al. (1991, S.60). Ihrer Ansicht nach ist eine lernende Organisation

> *"[...] eine Organisation, die das Lernen sämtlicher Organisationsmitglieder ermöglicht und die sich selbst transformiert."*

Demnach ist die Entwicklung einer LO abhängig von ihren kontinuierlichen Veränderungen, bei der die Ergebnisse individuellen Lernens zusammengefasst werden und zu einem selbstverändernden Prozess (Transformation) werden. Hier wird neben der Betonung des Prozesses von Veränderungen die sich eigenständig entwickelnde Organisation betont.[71]

Dodgson fasst den organisationalen Lernbegriff folgendermaßen zusammen:

> *"Organizational Learning can be described as the ways firms build, supplement and organize knowledge and routines around their activities and within their cultures, and adapt and develop organizational efficiency by improving the use of the broad skills of their workfaces."*
> *(Vgl. Dodgson 1993, S. 377).*

Dieser Definition nach wird organisationales Lernen als ein Weg einer Organisationsentwicklung mit einer organisatorischen Wissensbasis beschrieben, die in ihren Handlungsroutinen und ihrer Kultur eingebettet ist. Damit sind einige wichtige Bausteine organisatorischen Lernens beschrieben: Die institutionelle Wissensbasis und die Kultur.

Werden die genannten Auffassungen zusammengefasst zuzüglich der Erkenntnis und der Notwendigkeit einer in der Organisation verankerten Dauerbereitschaft, Veränderungen (Neues) aus der Außenwelt durch Änderung bereits gelernter Erwartungs- und Kognitionsmuster zu begegnen, unterliegt organisationales Lernen unterschiedlichen Sichtweisen. Einheitlich ist die Auffassung, dass organisationales Lernen immer individueller Lernprozesse bedarf, welche in der Tiefenstruktur der Organisation eingebettet sind. Unterschiedlich sind die Auslegungen wiederum, wie das in individuellen Lernprozessen erworbene Wissen in eine organisatorische Wissensbasis überführt werden kann.

Das folgende Kapitel wendet sich den Lernkonzepten zu, die innerhalb unterschiedlicher organisatorischer Lernniveaus beschrieben werden können.

---

die *"[...] Nutzung, Veränderung und Fortentwicklung der organisatorischen Wissensbasis [...]"*, welches sowohl die Wissensveränderungen einer Elite als auch der Wissensveränderung aller Organisationsmitgliedern zugrunde legt (vgl. Kirsch 1987, S. 6.11 zit. in: Pautzke 1981, S. 106).

71 Die "Organisationstransformation" grenzt sich eindeutig von der Organisationsentwicklung ab, welche auf Veränderung von Organisation durch externe Interventionen setzt (vgl. oben).

## 5.6 Lernniveaus organisationalen Lernens

Die Amerikaner gehörten zu den ersten, die, ausgehend vom individuellen Lernen, den Lernansatz auf Organisationen übertragen haben. In der deutschen Betriebswirtschaftslehre fand das Lernphänomen Eingang vor allem in Themengebieten lerntheoretischer Überlegungen, so in Erklärungsmodellen des Konsumentenverhaltens, der produktions- und kostentheoretischen Ansätzen sowie der Entscheidungs- und der *Organisationstheorie* (vgl. Pautzke 1989, S.4-7, zit. n. Scheu 1971, S. 545).

March und Olsen (1976, S. 12 ff.) konzipieren das organisationale Lernen auf einen positiven *"Lernzirkel"*, dem erfahrungsorientierten Lernen. Lernen wird hierin als Lernen durch Erfahrung interpretiert: Organisationen handeln in Bezug auf ihre Umwelt, beobachten die Konsequenzen ihrer Handlungen bzw. die Reaktionen der Umwelt und bilden "Theorien" über die Gründe für die eingetretenen Konsequenzen. Existieren Diskrepanzen zwischen aktuell bestehenden und erwünschten Umweltzuständen, wird daraus ein Problem formuliert und neue Initiativen und Handlungen (Entscheidungen) zur Problemlösung entwickelt. Mit dieser wirkt die Organisation in einer bestimmten Weise auf die Umwelt ein, worauf die Umwelt erneut reagiert. Mit dem Sinneseindruck und der Interpretation der Umweltreaktionen durch die Organisationsmitglieder wird wiederum ein neuer Lernzyklus in Gang gesetzt.

> *"Organisationen befinden sich demnach in einer permanenten Lernbereitschaft, einem 'aufgetauten' Zustand. Sie entwickeln darüber hinaus Lernsysteme, die im Laufe ihrer Geschichten, Symbolen, Leitlinien, Werten und Normen der Organisation widerspiegeln. Sie sind somit grundsätzlich abhängig von ihren Mitgliedern." (Vgl. Fiol und Lyles 1985, S. 804 zit. in: Klimecki et al. 1991, S.129[72]).*

Bei akuten Problemen (Krisen), wird vor dem Hintergrund der vorhandenen Orientierungsmuster das Gelernte unmittelbar in eine neue Handlungsweise umgesetzt. Die Organisationsmitglieder bzw. die Organisationen lernen aus den daraus resultierenden Umweltreaktionen (vgl. March und Olsen 1976, S. 67).[73] Diese Theorie erinnert an das "Trial-and-Error"-Konzept von Thorndike (vgl.

---

72   Die zitierten Autoren verwenden statt des hier verwendeten Zusammenhanges der Organisation den Begriff "Institution", ausgehend von ihrer globalen Betrachtung des Lernphänomens auf alle sozialen Systeme.

73   Der Lernzirkel kann in vielfältiger Weise gestört sein, z.B. wenn ein Stimuli (Signal) aus der Umwelt mehrdeutig, d.h. nicht eindeutig in das bisherige Erfahrungsmuster einzuordnen ist. Es kann auch sein, dass ein Signal sinnlich wahrgenommen aber nicht bewusst erfasst und/oder identifiziert wurde (Perzeption). Das Problem einer Umsetzung derartiger Wahrnehmungen auf organisatorischer Ebene erscheint offensichtlich. Diese Aspekte verdeutlichen den systemischen Charakter des Lernphänomens auf Organisationsebene und deuten auf die zwingende Notwendigkeit hin, von einem individuellen Lernen auf ein organisatorisches Lernen umzudenken.

Kap. 5.3.1), welches das Lernen im wesentlichen durch das Reaktionsverhalten aufgrund eines Stimulus (Stimulus-Response) vollzieht.

Pautzke als ein deutscher Autor organisationaler Lernkonzeptionen veranschaulicht innerhalb der Organisationstheorie drei Erklärungsansätze für eine Betrachtung vom Lernen in einer Organisation:

Der erste geht getreu der klassischen Organisationstheorie davon aus, dass Lernen etwas mit *Anpassung* zu tun hat, also der anpassenden Angleichung der Organisation an Veränderungen der Umwelt (Kappler). Die Organisation muss lernen, sich an die veränderten Bedingungen anzupassen. Ist sie dessen nicht in der Lage, ist die Überlebensfähigkeit der Organisation stark in Frage gestellt.

Bei dem zweiten Erklärungsansatz wird der Prozess des Organisierens generell als ein *Prozess* des Lernens beschrieben (vgl. Wolff 1982, S. 3). Die Gestaltung der organisatorischen Elemente vollzieht sich nicht mehr als einmaliger Akt, sondern als ein Prozess, einer schrittweisen Annäherung an "optimale" Strukturen und Abläufe mit einer Vielzahl von Rückkopplungen und Lernschritten oder als beständiger Prozess im Spannungsfeld von Selbstorganisation (vgl. Ebenda, S. 1-13).

Dritter Ansatz ist die *Schaffung einer eigenen Wirklichkeit*. Sie soll dazu beitragen, den Prozess des (einfachen) Anpassens nicht mehr als herrschende Prozedur zu betrachten, sondern die Umweltveränderungen als Möglichkeit zu erkennen, *"[...] die Außenwelt nach eigenen Vorstellungen an sich [...] "* anzupassen (vgl. Szyperski 1969, S. 56).[74]

Für eine Wirklichkeitsschaffung ist es entscheidend, dass hier nicht mehr reines Anpassungsverhalten vorausgesetzt wird, sondern die Betonung auf die Wahrnehmung von selbstorganisatorischen Prozessen liegt, die das soziale System in einen aktiven Wahrnehmungs- und Verarbeitungsprozess mit der Umwelt bringt. Zugleich müssen alle Wahrnehmungen im Zuge der Selektion und Lernhandlungen stetig beobachtet und reflektiert werden, um sie während des Ablaufs gewichten und korrigieren zu können.

Die Autoren Argyris und Schön greifen diesen Zusammenhang ebenfalls auf und stellen in ihrem Ansatz insbesondere das Verhältnis von Individuum und Organisation heraus.

Organisationen handeln demnach entsprechend den *subjektiven Handlungstheorien* ihrer Mitglieder, die gebildet werden über ihren Vorstellungen und Werten, über die Zusammenhänge in ihrer Umwelt und über ihre eigenen Möglichkeiten der Gestaltung. Argyris und Schön prägen für das Handeln des Menschen auf

---

74  An dieser Stelle sei die Theorie autopoietischer Systeme erwähnt, nach welcher Organisationen sich in einem selbstorganisatorischen Prozess unabhängig von den Organisationsmitgliedern durch *Selbstbeobachtung* und *Selbstbeschreibung* selbstständig entwickeln können (vgl. S. 89).

der Grundlage von *Alltagstheorien* den Begriff *"theories-in-use"*[75]. Sie heben das Lernen auf drei auf sich aufbauende Lernniveaus an. Grundsätzlich findet organisationales Lernen durch den Vergleich der Handlungsergebnisse (outcomes) mit den Erwartungen (Planvorgaben) statt. Erfolgt die Korrektur der Abweichungen unter Beibehaltung der herrschenden Managementphilosophie (theories in use), wird als niedrigstes Lernniveau vom *Single-loop-Lernen* (Anpassungslernen) gesprochen.[76]

**Abbildung 13: Anpassungslernen (Single-loop-learning)**

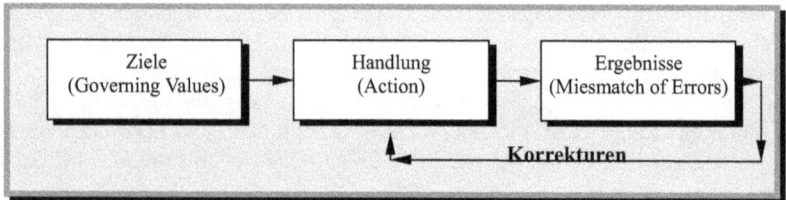

*Quelle: Probst und Büchel 1994, S. 35 in Anlehnung an:*
*C. Argyris (1990): Overcoming Organizational Defenses*

Dieser recht einfache Ansatz des Lernens geht getreu der klassischen Organisationstheorie von der anpassenden Angleichung der Organisation an unvorhergesehene Veränderungen der Umwelt aus. Die Organisation kann demnach ihre Überlebensfähigkeit nur in Form von Anpassung an veränderte Bedingungen sichern, wobei der Umgang mit Veränderungen durch das Abrufen von Erfahrungen gleicher Situationen aus der Vergangenheit bewältigt wird.

---

75  Diese grenzen Argyris und Schön von den "espoused theories" ab, den offiziell vereinbarten und vorgeschriebenen Theorien, wie sie sich etwa in Führungsgrundsätzen und -leitlinien niederschlagen (vgl. Staehle 1991, S. 845)

76  Der Ansicht von Argyris und Schön folgend können Individuen erst zu einem langfristig effektiven Handeln kommen, wenn sie lernen, offen über Motive und handlungsleitende *Regeln* zu reden, diese auch zu hinterfragen bzw. von anderen hinterfragen zu lassen und gemeinsam mit anderen neuen Formen des Handelns entwickeln. Nur durch ein solches verändertes Handeln der Organisationsmitglieder kann auch die Organisation als Ganzes ein Lernverhalten realisieren, das eine adäquate Reaktion auf Umweltveränderungen ermöglicht. Zur Entwicklung der Individuen und damit der Organisation in Richtung auf ein offenes Handeln verfolgen Argyris und Schön die Strategie, den Individuen und der Organisation zunächst in einer Diagnosephase ihre eigenen Handlungstheorien mit den sie bestimmenden restriktiven und ineffektiven Verhaltensweisen bewusst zu machen. Wichtig ist während des gesamten Prozesses die dauernde Rückkopplung und Diskussion der Ergebnisse. Dieses Lernen verstehen die Autoren als einen Lernprozess, der alle Betroffenen betrifft, der aber von den derzeitigen Machthabern ausgehen muss.

Werden für die Korrekturen hingegen neue Interpretationsschemata der wahrgenommenen Signale aus der Umwelt gesucht, findet *Double-loop-Lernen* (Reflexives Lernen) statt.[77]

**Abbildung 14: Reflexives Lernen (Double-loop-learning)**

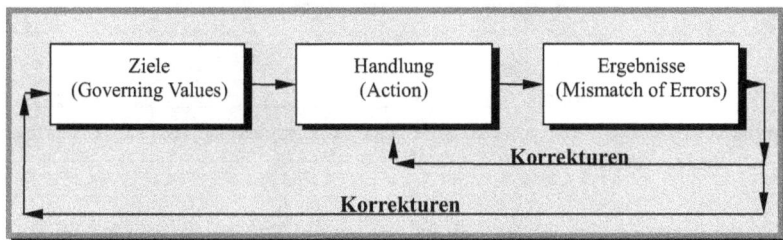

*Quelle: ebenda*

Double-loop-Lernen nutzt den bisherigen Erfahrungsschatz der Organisation bzw. seiner Mitglieder, transformiert diese Erfahrungen und hinterfragt zugleich die grundsätzlichen institutionellen Normen und damit die grundlegenden Wertvorstellungen der Organisation. Es geht dabei um die Auseinandersetzung mit den institutionellen *"theories-in-use"* (vgl. Argyris und Schön 1978, S. 22). Diese Form des organisationalen Lernens erfordert eine veränderungsfähige und veränderungswillige Managementphilosophie, welche allerdings nicht konfliktfrei veränderbar sein wird. Dies kann daran liegen, dass es auf der einen Seite Mitglieder gibt, die an den alten Handlungsmustern haften bleiben, ebenso wie auf der anderen Seite Mitglieder existieren, die neue Handlungstheorien weiterhin schaffen und nutzen wollen. Es ist hierbei eine Machtfrage der einen bzw. der anderen Gruppe, inwieweit neue Umgangsformen in die Organisation eingebracht werden können. Daher ist Double-loop-Lernen nicht zwangsläufig, sondern hängt von der Durchsetzungskraft der einen oder anderen Gruppe ab.

Ein Lernfortschritt i.S. eines höheren Lernniveaus ist jedoch bei erfolgreicher Anwendung von Double-loop-Lernen nicht von der Hand zu weisen. Dieser wäre schon in der Handhabung neuer "theories-in-use" zu begründen.

Bateson fasst diese systematische Auffächerung (Single- und Double-loop-Lernen) zu einem "Lernen erster Ordnung" (bzw. "Proto-Lernen") zusammen und fügt zusätzlich das *"Deutero- Lernen"* [78] an, einem Lernen durch doppelte *Reflexion* (vgl. Bateson 1983, S. 219ff.).[79]

---

77  Vgl. die Übersicht in: Staehle (1991), S. 844

78  "Proto-Lernen" ist das Maß für die Steigung an jedem beliebigen Punkt einer einfachen Lernkurve (z.B. des mechanischen Lernens). Deutero-Lernen (Lernen 2. Ordnung) ist das Maß für eine Verbesserung des Proto-Lernens (vgl. Bateson 1983, S. 229).

79  Eine ähnliche Differenzierung liefert Shrivastava. Er unterscheidet organisationales Lernen nach vier Ansätzen: (1) als *"adaptive learning"*, (2) als *"assumption sharing"*

**Abbildung 15: Prozeßlernen (Deutero-learning)**

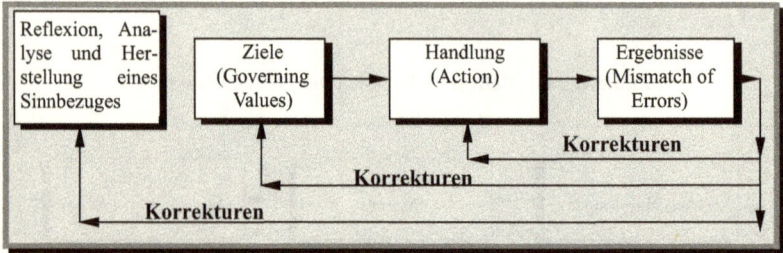

| Reflexion, Analyse und Herstellung eines Sinnbezuges | → | Ziele (Governing Values) | → | Handlung (Action) | → | Ergebnisse (Mismatch of Errors) | → |
|---|---|---|---|---|---|---|---|

Korrekturen

Korrekturen

Korrekturen

*Quelle: ebenda*

Bateson formuliert Deutero-Lernen als ein *"Lernen-zu-Lernen"*; ein Lernen auf der höchsten Ebene (Argyris und Schön: Metaebene), welches die Verbesserung der Lernprozesse sowohl auf der Single-loop- als auch auf der Double-loop-Ebene ermöglicht (vgl. Staehle 1991, S. 845). Das heißt, dass die institutionellen Fähigkeiten des Single- und Double-loop-Lernens besser genutzt werden können.

Die in den individuellen Lernprozessen notwendigen Reflexionen finden auch auf der organisatorischen Ebene Anwendung. Das System hat in gezielter Weise Informationen über sich selbst zu verarbeiten und schafft die erforderlichen Entscheidungsvoraussetzungen, um als System auf vergangene bzw. künftig zu erwartende Entwicklungen im Inneren wie in der Umwelt antworten zu können. Deshalb ist der Umgang mit der Selbstreflexion ein wichtiger Indikator für die Lernfähigkeit einer Organisation (vgl. Wimmer 1992, S. 96).

Die *Reflexion* des Lernkontextes und das Entdecken von Lernhindernissen und Lernerleichterungen stellt eine wichtige Aufgabe dar (vgl. Argyris und Schön 1978, S.26f.). Deutero-Lernen basiert auf dem ständigem Nachdenken der eigenen "theories-in-use". Für den Bau einer LO muss die Schaffung und der Gebrauch neuer "theories-in-use" alltäglich und zur Selbstverständlichkeit werden.

Es genügt demnach nicht, Lernen als abgeschlossenen Prozess zu betrachten, sondern als einen fortlaufenden, sich selbst in einem kritischen Spiegel betrachtenden Ablauf von Verhaltensweisen. Können auf den unteren Lernebenen Lernprozesse durchaus erzwungen werden, stellen Lernsysteme höherer Ordnung nur "Lernhilfen" des Lernenden dar; beim Deutero-Lernen sind daher inneres Engagement und Motivation der Lernenden unerlässlich (vgl. Pautzke 1989, S.137).

---

und (3) *als "development of knowledge base"* (vgl. Probst 1994, S. 65f.). In ihren Kernaussagen sind diese drei Lernebenen mit denen hier genannten Single-, Double- und Deutero-Lernen kongruent.

Organisationales Lernen baut nach Argyris, Schön und Bateson auf alle drei Lernniveaus auf. Dabei geht es auf allen drei Lernebenen darum, entsprechende Kontexte zu schaffen, damit organisatorische Fähigkeiten (Umgang mit dem Neuen) im allgemeinen und das Reflexionsvermögen auf kognitiver und normativer Ebene mit dem Ziel der Entwicklung brauchbarer "theories-in-use" im speziellen verbessert wird. Diese Kontexte, Erfahrungen und Fähigkeiten (Hypothesen) sind im organisatorischen Gedächtnis gespeichert (vgl. Klimecki et al. 1991, S. 132). Dieses Gedächtnis stellt das Speicher-System der Organisation dar, welches durch die Hypothesen eine Verbindung zwischen interner und externer Umwelt herstellen kann. Die Speicherkapazität ist beschränkt; insofern erfordern Lernprozesse das *Vergessen* alter, unbrauchbarer Fähigkeiten und Verhaltensweisen.

> *"Somit müssen eingefahrene Lernroutinen, die Lernen verhindern, zunächst einmal abgebaut werden, um Lernpotentiale freisetzen zu können." (Vgl. Ebenda, S. 133).*

Ein neues Lernen bedingt demnach zuerst ein Verlernen. Nicht mehr benötigte Wissenselemente müssen eliminiert werden, um Speicherplatz für neue aktuelle Elemente zu schaffen.

### 5.7 Rahmenbedingungen des organisatorischen Lernens

Organisationales Lernen kann gemäß dem Verständnis aus Kapitel 5.5 charakterisiert werden als eine Strategie zur Verbesserung des organisatorischen Problemlösungspotentials hinsichtlich unerwarteter Umweltsignale bzw. als eine Möglichkeit zur Umsetzung von Erfahrungen mit der Umwelt und zum Erwerb bzw. der Verbesserung von Wissen oder der Organisation zur Verfügung gestellten Wissens.

Ähnlich den Erbanlagen, der Erziehung und der Umwelt als prägende Grundbausteine individuellen Lernens, besonders der Denkstrukturen, ist der *strukturelle* und *kulturelle* Kontext innerhalb der Organisation wichtiger Hintergrund für die Umsetzung dieser Erfahrungen von Erwerb und Verbesserung des Wissen (vgl. auch Abbildung 20).[80]

Der strukturelle Kontext besteht aus Komponenten wie z.B. der Organisationshierarchie, Zentralisierung von Entscheidungen und bildet kumuliert die *Oberflächenstruktur* der Organisation.

---

80  Zum *"Konzept der Lernenden Organisation im Spannungsfeld von Struktur [...] und Kultur"* sowie zur *"Kulturentwicklung als Beitrag zur Lernenden Organisation"* vgl. Thomas Sattelberger (1991): "Die Lernende Organisation" S. 13 ff. bzw. S. 25 ff.

Der kulturelle Kontext hingegen bezieht sich auf die Regeln und Werte, welche die *Tiefenstrukturen* konstruieren. In diesem Abschnitt wird insbesondere auf die Tiefenstruktur eingegangen, da diese letztendlich die Entwicklungsmöglichkeiten einer Organisation determiniert.

Diese Tiefenstruktur bzw. der Kontext offenbart sich neben den o. g. Komponenten auch in Mythen, Weltbildern, Sinnmodellen, Paradigmen etc. sowie den institutionellen Ordnungen (Normen, Regeln) und den Persönlichkeiten der Organisationsmitglieder (vgl. Müller-Stewens und Pautzke 1991, S. 189.). Diese *Organisationskultur* ist Bedingung und Ergebnis des wirtschaftenden sozialen Systems, das stetig auf der Suche nach den jeweils adäquaten Lösungen seines ökonomischen und gesellschaftlichen Seins ist. Kulturelle Bedingungen sind des weiteren das erworbene Wissen und die Erkenntnisse des Systems zur Interpretation der Erfahrungen und zur Generierung von Handlungen (vgl. Klimecki et al. 1991, S. 126): *"Kultur, das sind geistig-sinnhafte Muster, die materielle oder substantielle Muster überlagern und ergänzen."*

Das Netz von Werten, Glaubensvorstellungen, kognitiver und normativer Orientierungsmuster hält das System dabei auf geistiger Ebene zusammen. Eine bestimmte Kultur kann indessen nicht von außen aufgesetzt bzw. von innen "verordnet" werden (vgl. die Kritik "Wandel-Berater").[81] Sie entsteht aus den internen und/oder externen Interaktionsbeziehungen im Zuge eines *reflexiven* Entwicklungsprozesses und ist somit Resultat der Dynamik im Netzwerk. Kultur kann z.B. in Form von Selbstorganisationsprozessen erworben werden (vgl. Klimecki et al. 1991, S.136). Vor diesem Hintergrund wird deutlich, dass Kultur nicht einfach machbar (zu managen) und daher nicht zu instrumentalisieren ist. Hierarchische Strukturen suggerieren hingegen eine Beherrschbarkeit und Kontrollierbarkeit von sozialen Systemen, die es in komplexen Systemen nicht gibt. Kultur sollte aus diesem Grunde vielmehr als Fundament von Führungsprozessen verstanden werden, auf welchem im Gegensatz zur mechanistischen Auffassung Entwicklungen stattfinden können. *"Hierbei sind Lernprozesse zu fördern, Experimente zu erlauben und Hindernisse für die Interpretation, das Verlernen und den Lerntransfer abzubauen."* (Vgl. Klimecki und Probst 1990, S. 61.)[82]

---

81 Zu diesem Ergebnis kommt auch eine aktuelle Studie der Hans-Böckler-Stiftung und Bertelsmann-Stiftung, bei der Geschäftsführer und Betriebsräte in deutschen Unternehmen über die strategischen Erfolgsfaktoren der Zukunft befragt wurden. Als Ergebnis kam heraus, dass traditionelle Unternehmenshierachien die Kreativität des arbeitenden Menschen nicht zu nutzen wissen. Dies sei aber Voraussetzung für eine Unternehmenskultur, die auf Vertrauen, Kommunikation und eigenverantwortlichem Handeln basiert. Der Mensch im Unternehmen müsse ganzheitlich gesehen werden. Nur so könne der Unternehmenserfolg gesichert werden (vgl. Bericht der Braunschweiger Zeitung 1995).

82 Hedberg (1981) misst dem Verlernen ebenfalls eine Bedeutung zu, wenn er von dem Ablegen der "Schwerkraft" älterer, unter anderen Erfolgsbedingungen angeeigneter Verhaltensweisen spricht.

Neben der Kultur hat natürlich auch die *Struktur* Einfluss auf das organisatorische Lernen. Struktur ist dabei mehr als nur die Aufbau- und Ablauforganisation. Sie ist auch Anpassungs- und Veränderungsfähigkeit, und zwar nicht nur unter betriebswirtschaftlichen Gesichtspunkten, sondern auch unter dem Aspekt humaner und individueller Arbeitsgestaltung und der strukturellen Ermöglichung von Lernprozessen: *"Organisation ad personam versus Organisation ad rem."* (Sattelberger 1991, S.50).

Organisatorische Rahmenbedingungen können zum einen dazu führen, dass Lernprozesse *behindert* werden. So können z.B. unterschiedliche Rollenerwartungen der Organisationsmitglieder dazu führen, dass individuelle Lernerfahrungen dem organisationalen Lernprozess nicht zur Verfügung gestellt werden. Dieses Beispiel verdeutlicht, dass äußere Gegebenheiten mehr oder weniger das Organisationslernen beeinflussen können. Auf der anderen Seite können diese Rahmenbedingungen aber auch als *"Ressource"* von Lernprozessen dienen, die über die Möglichkeiten individuellen Lernens hinausgehen. Eine Organisation kann ein breiteres Wissen speichern, als dies ein einzelnes Mitglied kann. Dieses breite Wissen kann den Organisationsmitgliedern schließlich insgesamt zur Verfügung gestellt werden, wobei die Ergänzung des organisatorischen Wissens von einer individuellen Wissensbasis (vgl. Pautzke) nicht ausgeschlossen, sondern erwünscht ist.

Die Rahmenbedingungen liefern demnach einen doppelten Charakter: Sie können einerseits Lernen verhindern, andererseits Lernen unterstützen und fördern. Dabei sind die kulturellen und strukturellen Komponenten als Ganzes zu betrachten. Dies führt zu der Aussage, dass Erkenntnisse des individuellen Lernens für die Beschreibung komplexer organisatorischer Lernprozesse allein nicht hinreichen. Individuelle Lernprozesse beschreiben das Aneignen von Wissen und Kenntnissen bzw. das Einprägen in das Gedächtnis sowie den Vorgang, im Laufe der Zeit durch Erfahrungen, Einsichten o. ä. zu Einstellungen und Verhaltensweisen zu gelangen, die vom Bewusstsein bestimmt sind. Das organisationale Lernen hingegen betrachtet die *"[...] Wechselbeziehungen von Organismus und Organisation sowie die Lernfähigkeit von sozialen Systemen [...]."* (Vgl. Müller-Stewens und Pautzke 1991, S.191).

Ein lernendes Unternehmen bewegt sich also in einem Dreieck von Struktur, Kultur und der Strategie, welche das Lernkonzept als Entwicklungskonzept auffasst. Abbildung 16 zeigt hinzu die LO im Spannungsfeld von unterschiedlich möglichen Entwicklungsansätzen.

Abbildung 16: Positionierung eines Lernenden Unternehmens

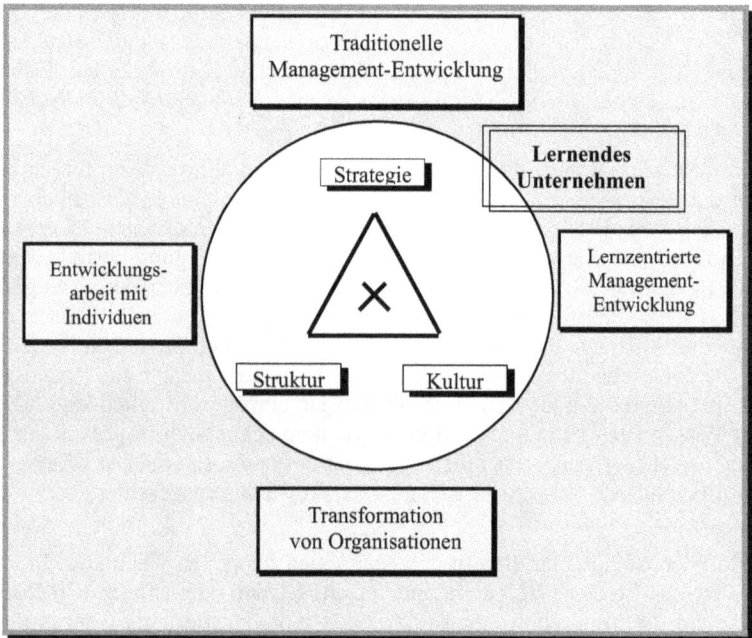

*Quelle: In Anlehnung an: Sattelberger (1991) S. 15*

## 5.8 Der Prozeß organisationalen Lernens

Die vorangegangenen Abschnitte des achten Kapitels haben gezeigt, dass organisationales Lernen in der systemischen Betrachtung von einigen Voraussetzungen abhängig ist. Neben den kognitiven Grundvoraussetzungen lernfähiger Menschen obliegt den Trägern von Lernprozessen eine hohe Bedeutung für die Entwicklungsfähigkeit einer Organisation. Die unterschiedlichen Ansätze verstehen Lernen entweder als ein stellvertretendes Lernen oder als einen institutionellen Prozess.

Organisationales Lernen findet statt, wenn sich nicht nur seine Teile aggregieren, sondern sich ein neues Gesamtsystem entwickelt, das eigene Gesetzlichkeiten erfährt (Vgl. Probst und Büchel 1994, S. 65).

Organisationales Lernen kann -systemisch betrachtet- durch die *strukturellen* und *prozessorientierten* Mechanismen bestimmt werden:

> *"Strukturen ermöglichen es dem System, nur bestimmte Selektionsmuster in der Verknüpfung der Elemente zu realisieren [...]. Prozesse erlauben es dem System, das Nacheinander der Verknüpfungen nach bestimmten Mustern selektiv zu steuern [...]" (vgl. Willke 1993, S.108).*

Eine Organisation als ein soziales System verfügt jedoch über kein eigenes Verarbeitungssystem für Reize (Stimuli). Ein solches kann gefördert werden durch eine Entwicklung der Organisation mit wechselseitig aufeinander bezogene Verhaltenserwartungen der Mitglieder. Bevor allerdings Entwicklung stattfinden kann, muss Lernen stattfinden. Wie dieses Lernen als Prozess dargestellt werden kann, zeigt das *"Prozess-Modell"* von Günter Müller-Stewens und Gunnar Pautzke (vgl. Abbildung 17, S.82).

Dieses Modell setzt beim Organisationsmitglied an. Es wird zunächst auf Individuen oder Gruppen (Management, Subkulturen) als Träger von Lernprozessen hingewiesen, die stellvertretend für die Organisation lernen können. Aus dem "Umweltrauschen" nehmen die Aktoren für das System zunächst wichtige Signale wahr, die sie zu Informationen verdichten. Diese Informationen und die daraus gewonnenen Erfahrungen stellen die Aktoren als ihr individuelles oder gruppengeschaffenes Wissen der Organisation zur Verfügung.[83] Dieses Verständnis kann, muss aber nicht zu einer höheren Lernfähigkeit der Organisation führen.

Durch Konzentration von Wissen auf einzelne Mitglieder besteht die Gefahr, dass durch Ausscheiden dieser Mitglieder die Wissensbasis verloren geht. Somit wäre die Organisation genauso "klug" wie vorher. Es ist daher erforderlich, dieses Wissen nicht nur auf einzelne Mitglieder zu verteilen, sondern mehreren Mitgliedern verfügbar zu machen. Dies kann erfolgen, indem durch konstruktive Konflikte und Auseinandersetzungen über anstehende Probleme in der Organisation die daraus folgenden Ergebnisse allen Beteiligten zukommen und durch *Kommunikation* dieses Wissen in Sinnzusammenhänge gebracht wird. Das individuelle Lernen ist das Fundament des von Müller-Stewens und Pautzke geschaffenen folgenden Modells organisationalen Lernens.

---

83   (Vgl. Argyris und Schön 1978, S.19 / Shrivastava 1983, S.7)

**Abbildung 17: Der Organisatorische Lernzirkel (Prozess-Modell)**

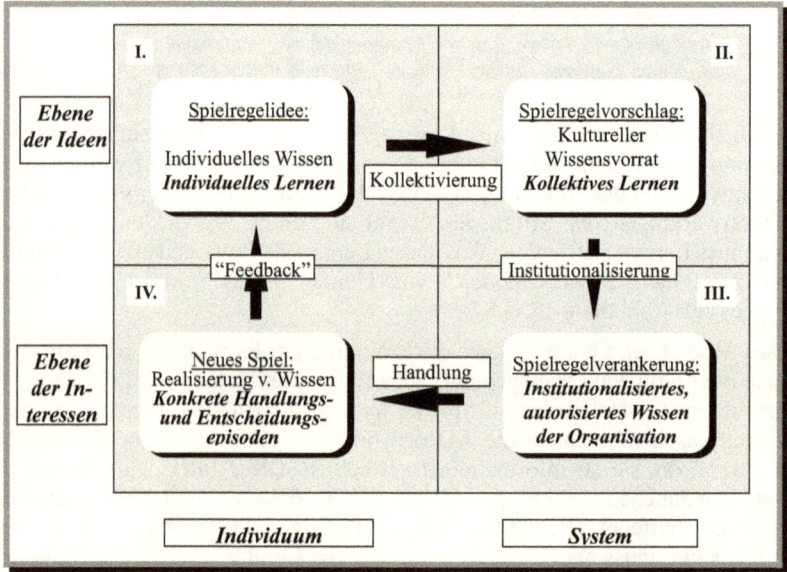

| | I. | | II. |
|---|---|---|---|
| **Ebene der Ideen** | Spielregelidee:<br><br>Individuelles Wissen<br>*Individuelles Lernen* | Kollektivierung | Spielregelvorschlag:<br>Kultureller<br>Wissensvorrat<br>*Kollektives Lernen* |
| | IV. "Feedback" | | Institutionalisierung III. |
| **Ebene der Interessen** | Neues Spiel:<br>Realisierung v. Wissen<br>*Konkrete Handlungs-<br>und Entscheidungs-<br>episoden* | Handlung | Spielregelverankerung:<br>*Institutionalisiertes,<br>autorisiertes Wissen<br>der Organisation* |
| | *Individuum* | | *System* |

*Quelle: In Anlehnung an: Müller-Stewens und Pautzke (1991) S. 195*

Der "Organisatorische Lernzirkel" verläuft derart, dass ein Mitglied eine Idee für eine neue oder eine modifizierte "Spielregel" hat *(I. Individuelles Lernen)*. Diese wird als Vorschlag in organisatorische Arenen eingebracht und nach kritischer Diskussion in den kollektiven Wissensvorrat übernommen *(II. Kollektives Lernen)*. Anschließend wird sie im organisatorischen Rahmen verankert *(III. Institutionalisierung, Autorisierung)*. Handeln die Akteure künftig nach diesen Regeln, schlägt der Lernprozess *auf die Handlungsebene* durch *(IV.)*.

> *"Organisatorisches Lernen ist damit stets durch das Nebeneinander einer Vielzahl höchst unterschiedlicher Lernprozesse geprägt." (Müller-Stewens und Pautzke 1991, S. 196).*

Als Sensoren einer Organisation, die Stimuli aufnehmen, können die Menschen angesehen werden, die zu der Organisation gehören. Eine Organisation kann, da ihr ein eigenes Verarbeitungssystem fehlt, nur durch ihre Organe und ihre Elemente Stimuli aufnehmen und handeln. Diese Stimuli können aber erst zu Informationen oder Wahrnehmung werden, wenn es Regeln zu ihrer Verarbeitung zu einem Gesamtbild gibt. Diese Regeln legen fest, welche Signale als Stimuli aufgefasst werden, was überhaupt und in welcher Weise verarbeitet wird.

Die Wahrnehmung einer Organisation ist in einer Hinsicht also der menschlichen Wahrnehmung sehr ähnlich: Sie erfolgt nicht direkt, sondern sie entsteht erst aus der gemeinsamen Interpretation von Signalen (Stimuli) durch die Elemente der Organisation. Diese Signale werden durch ein gemeinsamen Regelwerk interpretiert. Dieses Regelwerk ist somit wesentlicher Bestandteil organisatorischer Lernprozesse.

## 5.9 *Problemfelder des organisationalen Lernens*

Bei der theoretischen Beschreibung einer LO kann der Beobachter vernachlässigen, dass bei allen Überlegungen zur Erklärung und Gestaltung organisationalen Lernens auch Probleme existieren, die auf den ersten Blick nicht evident werden. Das vorherige Kapitel 5.8 beschreibt den Prozess, einen möglichen Ablauf organisationalen Lernens.

In dem für die Beschreibung verwandten organisatorischen Lernzirkel von Müller-Stewens und Pautzke liegen allerdings auch die Schlüsselprobleme des organisatorischen Lernens, die in Abbildung 18 (S. 85) zusammengefasst sind. Die zitierten Autoren differenzieren das Problempotential in vier Schlüsselprobleme, die organisationales Lernen behindern und verhindern können (1991, S. 196):

Das erste Schlüsselproblem ist in der *Kollektivierung* individuellen Wissens zu benennen. Für die Schaffung einer organisatorischen Wissensbasis sind alle Organisationsmitglieder angehalten, ihr individuelles Wissensniveau in die Organisation einzubringen und der Organisation zur Verfügung stellen. Zudem sollten die Mitglieder auch bereit sein, ihre Ideen und damit auch das Wissen in die Organisation einzubringen.

Parallel ist die Organisation angehalten, durch die Schaffung umspannender, d.h. lernfördernder Gegebenheiten neue Ideen zu diskutieren und für die Organisation fruchtbar zu machen. Dies erfordert ein großes Vertrauen unter den Mitgliedern und stellt jedes Mitglied vor die Vertrauensfrage, da alle Organisationsmitglieder in einer LO das Ganze erkennen und sehen sollen und für ein gemeinsames Handeln gegenseitiges Vertrauen unabdingbar ist. Für den Aufbau einer breiten Vertrauensbasis sind die Mitglieder angehalten, im Sinne des "neuen" organisatorischen Zweckes auf ihre (teilweisen) Machtpositionen zu verzichten. Ein Festhalten auf eigene Machtpositionen in der Organisation würde (nach klassischer Organisationstheorie) ein Verhältnis zwischen "dispositiven" und "ausführenden" Lernen bedeuten, wobei kleine Lernerfolge zurückgehalten werden und dem organisatorischen Zugang verschlossen bleiben.

Ein zweites Schlüsselproblem lässt sich in der *Institutionalisierung* der von der Organisation übernommenen Ideen finden. Das in der Organisation generierte Wissen muss derart etabliert werden, dass daraus Handlungsregeln für die Organisation abzuleiten sind. Diese Handlungsregeln bedürfen einer Konkretisierung, um sie für reale Probleme praktikabel zu machen. Diese Notwendigkeit kann an der Machtfrage scheitern. Institutionalisierung von Ideen und Wissen kann nur stattfinden, wenn sich die Organisationsmitglieder über den Sinn eines gemeinsamen Wissens einig sind. Kleine informelle Gruppen können dieses Konzept zum Scheitern bringen.

Es wurde oben ausgeführt, dass in einer LO nicht die Personen hinsichtlich einer Lernverbesserung verändert werden, sondern *die Regeln*, die Wahrnehmungen und Handlungsabläufe in der Organisation determinieren. Geänderte Regeln müssen in der Organisation gefestigt werden und zwar konkret in der Persönlichkeitsstruktur der Mitglieder.

Die Transformation des institutionalisierten Wissens in konkrete *Handlungsabläufe* stellt sich als ein drittes sehr anspruchsvolles Problem dar. Dem "Macher-Ansatz" folgend können neue Regeln (z.B. durch das Management) einfach befohlen werden.

Die LO greift das Problem auf, das in der Organisation fortan als neue Regel gelten sollen, allerdings abseits einer Festlegung und Bestimmung von oben. An dieser Stelle ist der Gegensatz zwischen dem klassischen (neoklassischen) Organisationsverständnis und der LO zu erkennen: Wie sollen Handlungen, basierend auf neue Regeln, von der Systemebene auf die individuelle Ebene transformiert und verankert werden, so dass es alle Organisationsmitglieder in gleichem Maße betrifft. Für eine positive Realisierung wäre ein hoher Grad an "Corporite Identity" der Individuen erforderlich, der von einem mindestens gleichen Grad an Motivation für die Akzeptanz dieser neuen Regeln begleitet werden sollte. Nur durch die Akzeptanz kann Gelerntes schließlich in das tägliche Handeln einfließen. Lernen kann dabei besser als selbstorganisatorischer Prozess und weniger als eine verordnete Handlung stattfinden.

Schließlich stellt sich viertens das Problem, aus bereits gelernten Situationen geschaffenes Wissen zu reflektieren, d.h. ein *"feedback"* des eigenen Lernprozesses auf die Ebene der Ideen zu erhalten. Die Ursache kann darin gesehen werden, dass Handlungsabläufe in der Organisation derart komplex sind und die Intransparenz sie nicht mehr nachvollziehbar macht. Dadurch können feedbacks in der Komplexität des Systems nicht mehr erkannt werden.

Abbildung 18: "Problemraute" organisatorischen Lernens

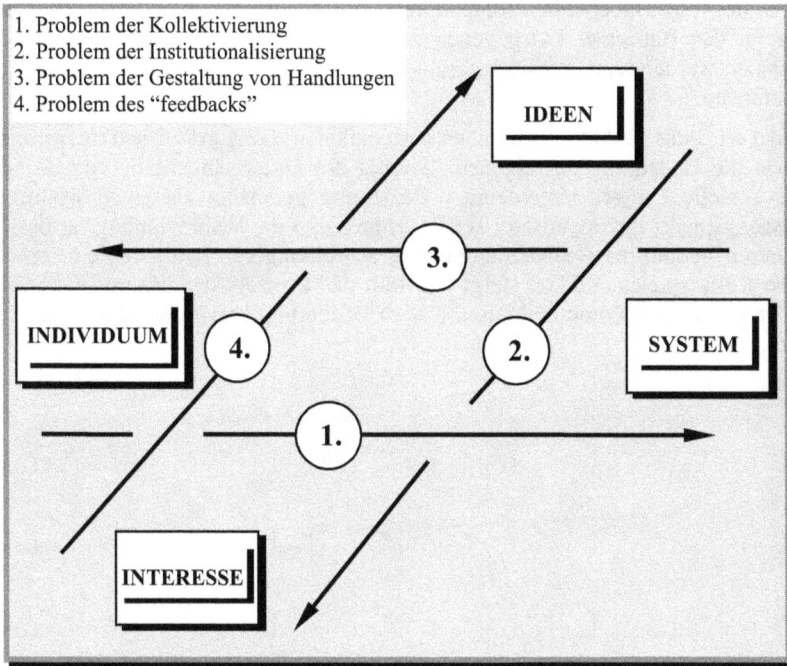

1. Problem der Kollektivierung
2. Problem der Institutionalisierung
3. Problem der Gestaltung von Handlungen
4. Problem des "feedbacks"

IDEEN

3.

INDIVIDUUM

4.

2.

SYSTEM

1.

INTERESSE

*Quelle: Verfasser*

Zusammenfassend kann festgehalten werden, dass die einzelnen Problemfelder vor allem durch die spezifischen Ebenenwechsel entstehen, wenn z.B. Handlungen vom Regelwerk des Systems zurück auf das Individuum gegeben werden müssen oder ein Feedback von der Interessenebene auf die Ideenebene erfolgt. Wenn organisationales Lernen auch zur Entwicklung der Unternehmung beitragen soll, ist darauf zu achten, dass die diversen Verläufe zwischen den Ebenen fließend verlaufen, d.h. die genannten Probleme und auftretenden Störungen müssen so klein wie möglich gehalten werden, damit der organisatorischer Lernzirkel auch funktionieren kann.

Die aufgezeigten Probleme skizzieren die Komplexität eines organisatorischen Lernprozesses und werfen immer wieder die Frage auf, welche Strukturen in einer veränderungswilligen Organisation geschaffen werden müssen, die dieses Problemlösungspotential so klein wie möglich halten. Grundsätzlich lässt sich in diesem Zusammenhang anführen, dass ein Plan hierzu nicht existiert. Das kann auch nicht die Intention des Konzeptes LO sein; immerhin wendet sich dieses ab von der Machbarkeit und Planbarkeit von Problemlösungen.

Es soll daher im folgenden Kapitel versucht werden, einige Komponenten herauszugreifen, die für ein organisationales Lernverständnis m.E. von besonderer Relevanz sind. Dabei sollen folgend keine abschließenden Handlungsanweisungen für den Bau einer LO gegeben werden. Vielmehr soll der Versuch unternommen werden, eine Sensibilisierung für bestimmte organisatorische Bereiche zu erzielen.

Dabei wird das Verhältnis zwischen Unternehmen und Umwelt neu interpretiert sowie die Bedeutung der eigenen Identität des Unternehmens hervorgehoben. Die aktuelle Umwelt-Unternehmen-Beziehung beinhaltet als einen wichtigen Ausgangspunkt für organisatorische Lernprozesse die Wahrnehmung, in dessen weiteren Verlauf die Beobachtung und Beschreibung von Realitäten eine erhebliche Rolle spielen. Zudem steigt und fällt das Konzept der LO mit dem Grad der in ihr tätigen Kommunikation, dessen Bedeutung abschließend aufgegriffen wird.

# 6 Organisatorisches Lernen als systemorientiertes Veränderungskonzept

## 6.1 Operative Geschlossenheit und Identität

Die bisherigen Ansätze systemtheoretischen Organisationsverständnisses haben notwendigerweise die Bedeutung der Umwelt für die Organisation erkannt und daraufhin die Offenheit des Systems gegenüber den Umwelteinflüssen als zentrale Überzeugung postuliert. Jedoch wird der Unternehmung damit immer eine reaktive Verhaltensänderung auf Umwelteinflüsse aufoktroyiert ohne die Logik einer möglichen Selbstentwicklung von sozialen Systemen zu berücksichtigen. Der einseitigen Synchronisation (Anpassung) der Unternehmung an die Umwelt folgend, wird von einer Wechselwirkung zwischen Unternehmung und Umwelt gesprochen. Die Leitfrage dieser Sichtweise ist: Wie passt sich eine Unternehmung optimal seiner Umwelt an? Wenngleich dies bereits ein fortschrittlicheres Denken im Organisationsverständnis voraussetzt, forden Autoren wie Bateson, Luhmann, Willke einen *Paradigmawechsel*, der an die Stelle der Leitidee offener Systeme die Idee der *"operativen Geschlossenheit"* setzt (vgl. Willke 1993, S. 95ff.).[84] Operationale Geschlossenheit bedeutet:

> *"Ein System [...] definiert für sich selbst diejenige Grenze, die es ihm erlaubt, die eigene Identität nach intern zu produzieren und prozessierten Regeln zu erzeugen und gegenüber einer externen Realität durchzuhalten." (vgl. Willke 1993, S.63).*[85]

Geschlossenheit bedeutet hier, dass der lebenswichtige Austausch mit der Umwelt nur im Selbstbezug des Systems geschieht.

Ein durch vollkommene Offenheit gekennzeichnetes System unterliegt der permanenten Gefahr, durch die vielfachen Interdependenzen und Interaktionen zwischen ihm und seiner Umwelt chaosähnliche Zustände herbeizuschaffen. Dieses System dürfte Schwierigkeiten haben, bei Erhaltung dieser Offenheit die eigene Identität zu prägen (vgl. Willke 1994, S.144f.).

---

84 Diese bedeutet eine neue Sichtweise der Beziehung von Unternehmen und Umwelt, dessen Leitfrage nun nicht mehr lautet, wie sich eine Unternehmung an ihre Umwelt anpassen kann, sondern wie sich ein soziales System respektive eine Unternehmung in einer überkomplexen, chaotischen Umwelt selber konstituiert und rekonstruiert (vgl. Willke 1995, S. 173f.).

85 Diese operative Geschlossenheit darf nicht als eine Art Abschottung verstanden werden, sondern durch diese Geschlossenheit soll das System nach innen seine Identität bewahren und selbstständig entscheiden können, welche Umweltveränderungen für das System relevant sind und welche nicht.

Durch eine mögliche selbstreferentielle Schließung bewahrt sich das System eine gewisse innere Ordnung in der turbulenten Umwelt, um schließlich mit der eigenen Komplexität besser umgehen zu können. Das System kann sich jedoch nicht gänzlich seiner Umwelt verschließen.

> *"Für die Informationsaufnahme muß es insofern offen sein, als jedes komplexe (selbstreferentielle) System Lernmechanismen entwickelt, mit derer Hilfe es Erfahrungen in Erwartungen transformiert und mithin sich in die Lage versetzt, gezielt nach Informationen im Sinne von attraktiven/nicht-attraktiven Signalen Ausschau zu halten." (Willke 1993, S.103).*

Die Außenwelt mit ihren Einflüssen muss nach wie vor einen Einfluss auf unternehmerische Entscheidungen haben. Die Geschlossenheit bezieht sich nur auf die Tiefenstruktur (Kultur) der eigenen Systemsteuerung. Diese zeigt sich von ihrer Umwelt gänzlich unabhängig und unbeeinflussbar. Willke führt dazu an:

> *"Konkret heißt dies, daß eine Zelle, ein Organismus oder ein menschliches Nervensystem die eigene Konstituierung ausschließlich nach den eigenen eingebauten operativen Gesetzmäßigkeiten bewerkstelligt und steuert; eine Steuerung des systemspezifischen Operationsmodus von außen ist nicht möglich, es sei denn um den Preis der Zerstörung der autopoietischen Qualität des Systems." (Vgl. Ebenda, S. 65.).*

Das Autopoiese-Konzept beschreibt eine Theorie, nach welcher sich ein System selbst reproduziert im Sinne einer kontinuierlichen gegenwärtigen Selbsterzeugung des eigenen Systems (vgl. Ebenda, S. 64). In dieser Weise reproduziert ein autopoietisches System die Elemente, aus denen es besteht, mit Hilfe der Elemente, aus denen es besteht.[86]

Es ist weder im klassischen Sinne ein geschlossenes System noch, entgegen dem Grundpostulat der Systemtheorie, ein offenes System (vgl. Ebenda, S. 65 f.). Der interne Verarbeitungsprozess funktioniert nach – von der Außenwelt unabhängigen – Mustern (z.B. Unternehmenskultur). Diese Muster müssen intern ständig selbstbeobachtet und reflektiert werden, damit sich eine Organisation selbstständig erneuern kann. Wesentliches Merkmal dieser Theorie ist, dass das Unternehmen auf diese Art und Weise unabhängig von externen Steuerungen der Hierarchie (der Macher) oder Organisationsberater sein kann.

Demnach ist weniger die Anpassung Voraussetzung von Krisenbewältigung in und unter Systemen als das Inbetrachtziehen von Möglichkeiten selbstorganisa-

---

86  Maturana und Varela erschlossen dieses Phänomen bereits vorher biologisch: Zellen oder Organismen ersetzen in einem kontinuierlichen Prozess die Bestandteile, aus denen sie bestehen. Neu daran war, dass sie daraus auf eine Geschlossenheit der Tiefenstruktur der Selbststeuerung schlossen (vgl. Maturana 1982, S. 35).

torischer (Lern-) Prozesse, die ihrer eigenen (internen) Systemlogik folgen. Wichtig ist, dass sich das System eine eigene *Identität* schafft und bewahrt, an welcher es sich immer wieder selbsttätig konstituieren kann.

Den kritischen Anmerkungen der klassischen Organisationsentwicklung folgend (vgl. Kap. 4.4) lässt sich festhalten, dass Unternehmensentwicklung nach althergebrachten Mustern und Gewohnheiten durch z.B. externe Berater die notwendigen Veränderungen in sich stetig und immer schneller wandelnden Zeiten allein nicht mehr flexibel genug herbeiführen können. Der Paradigmawechsel erscheint gerechtfertigt, wenn er sich von der herrschenden Meinung der von außen machbaren Problembeseitigung abwendet und einen neuen Problemlösungsansatz fordert, welcher die Möglichkeiten anbietet, aufgrund des stetig wachsenden Wandels eine intern initiierte Veränderung anzuregen.

Das Besondere autopoietischer Systeme ist das Zurückgreifen auf bereits bekannte "Ressourcen" in einem sozialen System: *Autonomie, Eigendynamik* und *Selbstreferentialität*. Autopoietische Systeme bauen auf der erhöhten Nutzung dieser Ressourcen auf. Der bisherige Primat, soziale Systeme von außen durch Machbarkeit, Kontrolle und Korrektur unter Hinzuziehung von Organisationsberatern zu gestalten, wird überwunden.

In unserem Zusammenhang ist ein soziales System demnach nicht mehr ein triviales "Input-Output-System" (vgl. Abbildung 11), sondern ein System, welches externe Realitäten

> *"[...] intern in einer Weise verarbeitet, die vom jeweiligen Zustand des Systems selbst abhängt. [...] Ein Nicht-triviales System reagiert in seinen Operationen auf seinen eigenen Zustand und es ändert mit seinen Operationen seinen jeweiligen Zustand." (Vgl. Willke 1994, S.148f.).*

In Abbildung 19 wird dieser Zusammenhang aufgegriffen, indem das Steuerungs- und Motivationspotential eines Nicht-trivialen Systems neben dem natürlichen Überlebensziel des Systems in der Sinnerklärung der Wahrnehmungen im Rahmen des organisatorischen Kognitions-, Motivations- und eigenen Entstehungspotentials liegt.

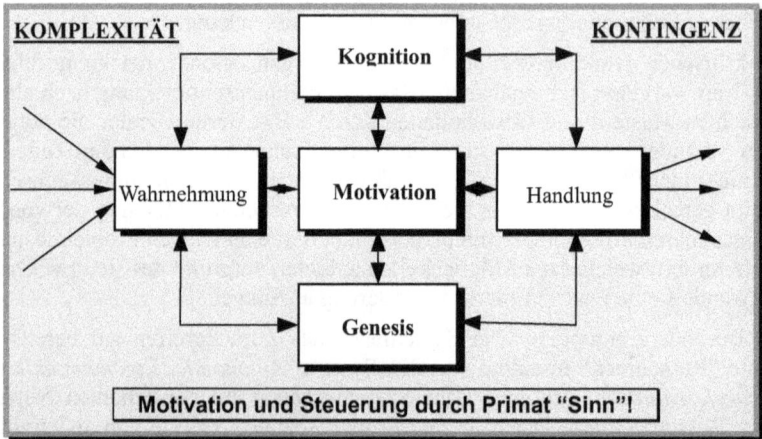

*Quelle: Willke (1993) S. 42*

Damit ein in sich geschlossenes System im Rahmen seiner Kultur diese Potentiale eigendynamisch und selbstreferentiell nutzen kann, muss es eine gewisse Autonomie anstreben. Das heißt, es muss autonom zu dem System Umwelt agieren können. Dieses gewisse autonome Verhalten kann dazu führen, eigene Identitäten zu formulieren und zu gestalten. Identität ist in der Entwicklung kein abschließbarer Prozess; die Identitätsfindung ist ein Prozess, der rekursiv ständig beobachtet und reflektiert werden muss. Diese stetige Beobachtung und Reflexion des Systems seiner selbst fördert den Identitätsprozess und nutzt die Eigendynamik des Systems auf den Weg einer *flexiblen* Unternehmensentwicklung.

Aus dieser Identität ableitend, werden *die* relevanten Informationen aus dem "Umweltrauschen" selektiert, die zu der Überlebensfähigkeit des Systems beitragen können. Was "Nicht-triviale Systeme" von "Trivialen Systemen" in dieser Hinsicht unterscheidet, ist die Art und Weise des Verarbeitungsprozesses wahrgenommener Signale. Neben dem *instinktiven* Handlungsmuster eines trivialen Systems kommen die *kognitiven, motivationsspezifischen* und *entwicklungsspezifischen* Merkmale hinzu, die kumuliert den *Sinn* des Systems steuern, also die Frage nach der Relevanz von Wahrnehmung und des eigenen Handelns. Das triviale "Input-Output-Denken" weicht dem reflexiven Handeln zwischen Komplexität und Kontingenz.

Die begleitende Frage nach Sinn und Notwendigkeit von Lernprozessen eines Systems kann dabei ein Lernen auf höherem Niveau bzw. einen "Lernen-zu-Lernen"-Prozeß anregen. Derartige Systeme sind also nicht nur von ihrer Umwelt abhängig, sondern auch von sich selbst in der Weise, wie sie externe Signale bisher wahrgenommen, intern verarbeitet und in künftige Handlungsmuster transformiert haben. So gelangt nicht mehr nur ein Stimulus aus der Umwelt in das System, welcher nach instinktiven Parametern abgearbeitet wird. Dieser Stimulus wird stattdessen als Anlas genommen, einen selbstorganisatorischen Veränderungsprozess innerhalb des Systems in Gang zu setzen und die "Ressource Lernen" mehr zu nutzen. Die nach diesem Lernprozess erzielten Ergebnisse werden mit dem Ziel der Schaffung einer organisatorischen Stabilität (schließlich) im Gedächtnis des Systems verankert. Die operative Geschlossenheit kann dazu führen, organisationale Lernprozesse zu fordern und zu fördern.

> *"Erst die rekursive Schließung eines Prozesses, der sich in seinen Operationen ausschließlich auf sich selbst bezieht und deshalb alle Teilreaktionszyklen des Gesamtprozesses erfasst und deshalb geschlossen sein muß, ermöglicht die eigene Reproduktion dieses Gesamtprozesses nach immanenten Steuerungsregeln." (Willke 1992, S. 34).*

Die insgesamt resultierenden Veränderungsprozesse beziehen sich dabei *nicht* auf einzelne Personen, sondern auf die *Regeln* in der Unternehmung, nach welcher notwendige Veränderungen bisher vonstatten gingen. Dieses organisatorische *Regelwerk* determiniert, wie kommuniziert, entschieden und gelernt werden soll.

Eine die Wahrnehmung steuernde Identität bedarf der Notwendigkeit der Schaffung einer sensiblen Wahrnehmungsfähigkeit, welcher sich der nächste Abschnitt zuwendet.

### 6.2 Wahrnehmung des Systems

Die Bedeutung der Wahrnehmung wurde bereits mehrfach betont. Die Wahrnehmungsfähigkeit von Organisationen betrachtend, kann festgehalten werden, dass vor dem Hintergrund eines organisationalen Lernens der Wahrnehmungsprozess von dem des individuellen Lernens zu differenzieren ist. Der Organisation stehen eigenständige Sinnesorgane nicht zur Verfügung, die in der Lage wären, Umweltreize im Sinne der Organisation aufzunehmen. Wahrnehmen können nur die Organisationsmitglieder bzw. eine ausgewählte Einheit von Mitgliedern.

Fiol und Lyles betonen die von ihren Mitgliedern unabhängige Organisation. Diesem kann nur bedingt Zuspruch beigemessen werden. Schon die unabdingbare Notwendigkeit und Voraussetzung für Wahrnehmungsprozesse der Organisationsmitglieder lässt eine strikte Trennung von Organisation und seinen Mitgliedern nach Fiol und Lyles nicht zu.

Staehle greift mit der folgenden Abbildung einen Vorschlag auf, wie Wahrnehmungsprozesse dargestellt werden können:

**Abbildung 20: Stufen des Wahrnehmungsprozesses**

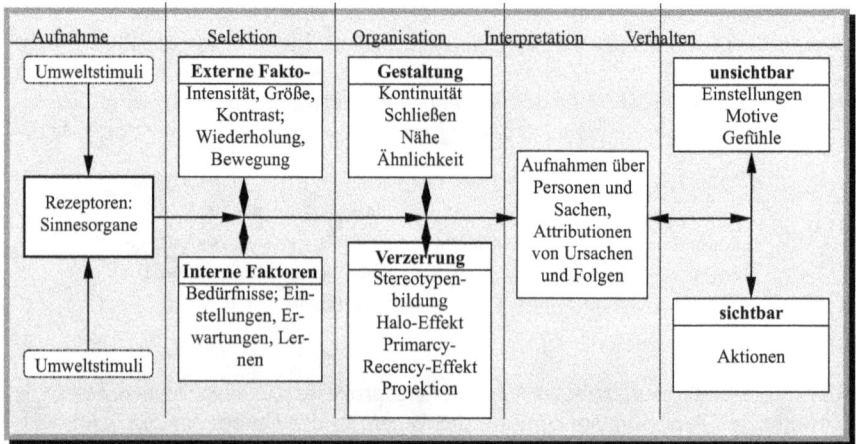

| Aufnahme | Selektion | Organisation | Interpretation | Verhalten |
|---|---|---|---|---|
| **Umweltstimuli** | **Externe Fakto-**<br>Intensität, Größe,<br>Kontrast;<br>Wiederholung,<br>Bewegung | **Gestaltung**<br>Kontinuität<br>Schließen<br>Nähe<br>Ähnlichkeit | Aufnahmen über<br>Personen und<br>Sachen,<br>Attributionen<br>von Ursachen<br>und Folgen | **unsichtbar**<br>Einstellungen<br>Motive<br>Gefühle |
| Rezeptoren:<br>Sinnesorgane | **Interne Faktoren**<br>Bedürfnisse; Ein-<br>stellungen, Er-<br>wartungen, Ler- | **Verzerrung**<br>Stereotypen-<br>bildung<br>Halo-Effekt | | **sichtbar** |
| **Umweltstimuli** | nen | Primarcy-<br>Recency-Effekt<br>Projektion | | Aktionen |

*Quelle: In Anlehnung an Hellriegel; Slocum und Woodman (1986) S. 89.*
*Aus: Staehle (1991) S. 181*

In Bezug auf autopoietische Systeme lässt sich die Frage stellen, wie sich Wahrnehmungsprozesse in einem nicht-trivialen, operativ geschlossenen System, eingebettet in einer überkomplexen und chaotischen Umwelt, konstituieren und re-
konstruieren können (vgl. Willke 1994, S. 173).

Für einen möglichen Erklärungsansatz kann die obige Abbildung 20 herangezogen werden. Demnach kann der Wahrnehmungsprozess gegliedert werden in 5
Phasen: Aufnahme, Selektion, Organisation, Interpretation und Verhalten. Dabei
erscheinen die Bereiche Selektion, Organisation und Verhalten besonders interessant: Die Selektion bewegt sich im Spannungsfeld der internen und externen
Selektionsfaktoren. Der Organisation von Wahrnehmungen kommt eine zentrale
Bedeutung zu; neben dem Prozess der Gestaltung von Wahrnehmungen kommen
unterschiedliche Assoziationsmuster hinzu. Das Verhalten am Ende des Prozesses wird durch die weichen Faktoren wie Einstellungen, Motive etc. beeinflusst
(vgl. Kap. 5.7. ).

Autopoietische Systeme zeichnen sich zusätzlich durch selbstorganisatorische
und sinnnachfragende Prozesse aus. Das bedeutet für den Wahrnehmungsprozess, dass nur *die* Reize aufgenommen werden, die auch einen Sinn für das System produzieren, d.h. es werden nur die Reize berücksichtigt, die den Erwartungen des Systems bzw. seiner Mitglieder gerecht werden können.

*"Erwartungen sind nicht einfach da und Kommunikationen finden nicht einfach statt; vielmehr folgen sie den in der Systemgenese aufgebauten Strukturmustern. Diese lassen sich verstehen als die kondensierten Traditionen, Lernerfahrungen und Selbstidentifikation des Systems." (Willke 1995, S. 37).*

Was Sinn im System ausmacht und was nicht, bestimmten wieder die internen Regeln des Systems. Entsprechen die Wahrnehmungen den Erwartungen nicht mehr, müssen die Regeln verändert werden. Denn Regeln können interne Handlungsabläufe und Kommunikationsmuster bestimmen; sie sind aber auch Bestandteile der Organisationskultur. Regeln können demnach nicht von außen "verabreicht" werden, sondern sie entstehen aufgrund von Erfahrungen im Kontext der Rahmenbedingungen einer Organisation.

Der Wahrnehmungsprozess verstanden als ein in sich geschlossenen Prozess, kann Organisationen in die Lage versetzen, eine eigene Wirklichkeit zu schaffen (vgl. Maturana 1982, S. 44). Die Entscheidungen, die in einem sozialen System gefällt werden, sind demzufolge nicht mehr von ihrer Umwelt determiniert, sondern kommen über die Wahrnehmung und der anschließenden Selektion von Umweltsignalen bzw. der nachfolgenden Frage zustande, welche Informationen für die bevorstehende Entscheidung von Relevanz sind. Bestimmend wirken zusätzlich Vergangenheit, kulturelle Werte, Vorstellungen über die Zukunft sowie das im System vorhandene Informationsnetz (Kommunikationsnetz) auf die Fähigkeit und Qualität der Entscheidungen.

Die Erkenntnis, dass Lernerfolge Wahrnehmungen bedingen und diese nur von Menschen aufgenommen werden können, führt zu unterschiedlichen "Verzerrungstheorien" (vgl. Abbildung 20). Diese beziehen sich auf das Verhalten von Menschen bzw. deren Wahrnehmungsmöglichkeiten, welche in mehreren verhaltenswissenschaftlichen Theorien, z.B. der "Stereotypenbildung" oder dem "Halo-Effekt" etc. beschrieben sind (zur Skizzierung der Theorien vgl. Stahle 1991, S.183-185).

Festzuhalten bleibt an dieser Stelle, dass Erkenntnisse der neueren Systemtheorie auch für ein organisationales Lernen interessant sind. Die Sichtweise operativer Geschlossenheit als Grundlage der Identität sowie das Problem der Wahrnehmung als Grundlage von Lernen können helfen, organisationales Lernen näher zu beschreiben. Neben diesen Aspekten sind allerdings noch weitere von grundlegender Bedeutung.

### 6.3 Selbstbeobachtung und Selbstbeschreibung im Gefolge von Lernprozessen

Lernen bedeutet das Wahrnehmen von Umweltreizen, der anschließenden Verarbeitung nach kognitiven Mustern, um zu einer Verhaltensänderung in Bezug auf bestimmte Situationen zu kommen. Dabei sind reflexive Beobachtungen auf jeder Ebene des Lernens unerlässlich. Daneben müssen auch die internen Muster beobachtet werden und einer konstanten Reflexion unterzogen werden.

Beobachtung meint die Feststellung eines bedeutsamen Unterschiedes, der zu einem späteren Ereignis als ein weiterer Unterschied erkennbar wird.

> Die "Selbstbeobachtung ist demnach die Einführung der System/Umwelt-Differenz in das System, das sich mit ihrer Hilfe konstituiert;" (Luhmann 1991, S.63).

Nur wenn ein beobachtetes Ereignis in Relation zu einem vergleichbaren Ereignis gesetzt wird, kann ein Unterschied festgestellt werden, welcher bei notwendiger Relevanz für das betreffende (beobachtete) soziale System Lernprozesse in Gang setzen kann. Die Logik der Beobachtung liegt darin, dass aus einer beobachteten Differenz eine Information zu ziehen ist, die für künftige Entscheidungen des Systems von Wichtigkeit sein kann. Ist der Beobachtungsgegenstand zu beschreiben, d.h. *"die tatsächlichen oder möglichen Interaktionen und Relationen des Gegenstandes aufzuzählen"* (Maturana 1982, S.34), lässt sich daraus die *interne Funktionslogik* des Gegenstandes erschließen. Selbstbeobachtung heißt dann analog, die *eigene Funktionslogik* zu erschließen (vgl. Willke 1993, S. 179).

Selbstbeobachtung bedeutet die Beobachtung der Beobachtung;

> *"[...] sie schließt ein, daß die Aktoren sich selbst (aber natürlich auch andere) als Aktoren beobachten, denen man (soziales) Handeln zurechnen kann."* (Vgl. Kirsch und Knyphausen 1991, S.89).

Im engeren Sinne ist Selbstbeobachtung daher die Anwendung einer bezeichnenden Unterscheidung auf sich selbst. Auf der Strukturebene bedeutet Selbstbeobachtung das *Beobachten des eigenen Verhaltens*, auf der Elementebene ist Selbstbeobachtung *reflexive Kommunikation*, also die Selbstbeobachtung der Kommunikation im System (vgl. Teubner 1987, S. 96).

Beobachtetes bedarf der ungezwungenen Weitergabe der Informationen an die Organisationsmitglieder bzw. an die Personengruppe, die über den Selektionsprozess von Informationen zu entscheiden hat.

Damit diese Beobachtungen kommuniziert werden können, bedürfen sie derer genauen *Beschreibung*. Für die Schaffung einer eigenen Funktionslogik entwickelt sich die formale Beschreibung zu einer aktiven Selbstbeschreibung.

*"Die Anfertigung einer Beschreibung, die das soziale System auf einen Handlungszusammenhang reduziert, ist mithin Voraussetzung jeder Beobachtung, die die Differenz von System und Umwelt ins Spiel bringt [...]" (vgl. Luhmann 1991, S. 247).*

*"Mit einer Beschreibung oder Diagnose bringt der Beobachter seine Beobachtungen auf den Begriff; [...]" (vgl. Willke 1993, S. 183).*

Die Fähigkeit, Zustände und Ereignisse beschreiben zu können, basiert auf der Fähigkeit sozialer Zusammenkunft in der Organisation, dessen stärkstes Medium in der *Kommunikation* liegt. Kommunikation und Sprache steuern dem Ziel entgegen, Konsens herzustellen sowie zu einer intersubjektiven Übereinstimmung in der Beurteilung eines Problems bzw. einer Situation durch das "bessere Argument" beizutragen (vgl. Habermas 1982 b, S. 14f.).

Das heißt für die Relativierung eines beobachteten Ereignisses, dass durch Beschreibung der Beobachtung ein Sinn auferlegt werden muss. Diese Selbstbeschreibung besitzt dann für die Entwicklung eines Systems operative Wirksamkeit (vgl. Kirsch 1990, S. 471). Die vom Individuum formulierten, d.h. in Sinn gefassten Beobachtungen müssen daher im System artikuliert und an die Organisationsmitglieder weitergegeben werden, um anderen Systemmitgliedern an den Beobachtungen teilhaben zu lassen und die Möglichkeiten zu schaffen, diese an nachrückende Mitglieder weiter zu geben.

*"In der sozialen Kommunikation produzieren Individuen Beschreibungen ihrer Beobachtungen im Medium gemeinsamer Sprache.[...] Kommunikative Verständigung kann auf Konsens zulaufen, aber ebenso auf Dissens" (Willke 1993, S. 183-185.).*

Das bedeutet, die Mehrdeutigkeit der Sprache, die ein Hindernis zur vollkommenen Kommunikation darstellt, ist zugleich die Ursache dafür, dass Sachverhalte oder Beobachtungen neu geordnet und "bedacht" werden können. Gerade die kommunikative Auseinandersetzung und die möglichen unterschiedlichen subjektiven Beschreibungen von Ereignissen fördern eine tiefergehende, auf Reflexion zielgerichtete Beschäftigung, welche schließlich die kognitiven Fähigkeiten des Menschen nutzen kann. Durch die kognitive Nutzung kann der Mensch anschließend Lernerfahrungen machen.

Selbstbeobachtung und Selbstbeschreibung und die damit immer wieder verbundenen Reflexionen, d.h. auf den unterschiedlichen Lernebenen stattfindenden Korrekturen, sind für Lernprozesse auf allen Lernebenen unerlässlich. Sie sind Grundvoraussetzung für eine aktive Auseinandersetzung mit der Umwelt und für ein auf kommunikativer Basis stattfindendes Lernen aller in der Organisation Tätigen. Stattfindende Selbstbeobachtungen und -beschreibungen können Indizien für eine entwicklungswillige und entwicklungsfähige Unternehmung darstellen und sowohl das Lernen als auch die Entwicklungsmöglichkeiten fördern. Dass dabei auch die Kommunikation eine wichtige Rolle spielt, ist bereits erwähnt worden. Im nachfolgenden Abschnitt soll die besondere Bedeutung von notwendiger Kommunikation herausgestellt werden.

### 6.4 Kommunikation als notwendige Regel für Organisationales Lernen

Unter dem lateinischen Ausdruck *Kommunikation* wird *"ein Prozess der Mitteilung; des wechselseitigen Austausches von Gedanken, Meinungen, Wissen, Erfahrungen [...] sowie die Übertragung von Nachrichten, Informationen [...]"* verstanden (Meyers Lexikon).

Die Kommunikation hat in der Organisation eine besondere Bedeutung. Für ein soziales System ist Kommunikation lebensnotwendig, weil durch Kommunikation Kontakte und Beziehungen sowohl intern als auch extern, d.h. zu der Außenwelt, geschaffen werden. Je intensiver die Kommunikation nach außen stattfindet, umso mehr Beziehungschancen und Informationen können ermöglicht werden.

Es sind Kommunikationen, in denen sich soziale Systeme selbst erfahren (vgl. Buchinger 1992, S. 154). Je höher dabei die Informationsvielfalt ist, desto größer ist auch die Chance, die für eine Unternehmung wesentlichen Informationen herauszufiltern. Dort wo keine Informationen auftauchen, ist die Chance, unternehmensrelevante Informationen zu bekommen, relativ gering.

Ein hoher Grad an Kommunikation wird unterdessen als besonders günstig für die Lern- und Innovationsbereitschaft der Unternehmen gesehen.[87] Doch wie soll eine bestehende Kommunikationsstruktur geändert werden? Müller und Schienstock schlagen vor, die Kommunikationsstruktur *netzartig* über das gesamte Unternehmen zu erstrecken mit gleichzeitig *wenigen starren Kommunikationskanälen*. Mit einer derartigen Kommunikationsstruktur kann auf bestimmte Problemstellungen flexibel reagiert werden, um zahlreiche Perspektiven zu erfassen und zu beschreiben.[88]

Für die Schaffung einer derartigen Kommunikationsstruktur können flache Hierarchien und kurze Kommunikationswege hilfreich sein. Lernprozesse und Lernerfolge können auf dieser Basis schneller kommuniziert werden und zu einer organisatorischen Wissensbasis beitragen.

---

87  vgl. *Gussmann*, Bernd: Innovationsfördernde Unternehmenskultur - Die Steigerung der Innovationsbereitschaft als Aufgabe der Organisationsentwicklung. Berlin (1988), S. 183

88  vgl. *Müller*, V.; *Schienstock*, G.: Der Innovationsprozess in westeuropäischen Industrieländern, Band 1, Berlin-München 1978, S. 158.

Grundsätzlich werden bei der Kommunikation vier Faktoren unterschieden, die für eine kommunikative Basis notwendig sind: der *Kommunikator* oder Sender (die Informationsquelle), die *Information*, also die zu übermittelnde Botschaft, das *Medium* der Kommunikation (Sprache, Zeitung, Fernsehen) und der *Rezipient* oder Empfänger der Information.

Die Information, die mitgeteilt werden soll, muss zuerst vom Kommunikator vorbereitet werden, d. h. sie muss verbal formuliert werden. Dieser Vorgang der Verschlüsselung oder *Codierung* findet unter Zuhilfenahme der vereinbarten Zeichensysteme (des Systemcodes) statt. Die Information wird schließlich vom Empfänger aufgenommen und entschlüsselt.

Die Informationsübertragung findet zwischen den Systemelementen (Mitarbeiter★Mitarbeiter) als auch unter den Systemen (Unternehmen★Umwelt) statt, die alle einen eigenen Systemcode benutzen. Informationsübertragung ist demnach eine Transformation zwischen den Systemcodes des Senders und des Empfängers. Auf soziale Systeme übertragen bedeutet Kommunikation dann *"[...] die Übertragung von Informationen zwischen Systemen, welche eben diese Informationen zur Weiterentwicklung ihrer Systemcodes benützen können."* (Lutz 1991, S. 103). Über die Fähigkeit der Informationsvermittlung hinaus sind Menschen auch in der Lage,

> *"[...] Kommunikationsprozesse an sich selbst zu beobachten und darüber zu kommunizieren (Selbstreflexion, Metakommunikation), und diese Vorgänge wiederum zur Weiterentwicklung ihrer persönlichen Codes oder jener von ihnen gebildeten sozialen Systeme zu benützen."*
> *(Lutz 1991, S. 103f.).*

Der "*Code*" setzt sich aus einer bestimmten Ansammlung von Informationen zusammen, der als Wahrnehmungsfilter dienend, zu der Entscheidung beiträgt, welche Informationen wie wahrgenommen werden, wie diese Informationen interpretiert werden und wie weit sie zu einer Weiterentwicklung herangezogen werden sollen. Eine positive Kommunikation findet statt, wenn die Codes der Systemmitglieder verstanden und akzeptiert werden.

Der Code bestimmt die verfügbaren Handlungs- und Ausdrucksmuster und wird für die Entscheidungen herangezogen, welche Handlungen schließlich nach außen abgegeben werden. Im Code ist folglich auch die Kultur des sozialen Systems implementiert. Neben den bekannten Merkmalen von Systemkultur kommen Bilder des für das System relevanten Umfeldes hinzu, einschließlich der ihm eigenen Bewertungskriterien und Handlungsweisen. (Vgl. Lutz 1991, S. 104).

Eine Vielfalt der Codes muss nicht zwangsläufig zu einer negativen Kommunikation führen. Besteht bei dem "Befolgen" eines identischen Systemcodes die Gefahr, Einseitigkeit und Betriebsblindheit zu schüren, kann auf der anderen Seite die Vielfalt das Kommunikationspotential und die Kontingenz fördern.

Außerdem können Selbstbeobachtung und Selbstbeschreibung dazu führen, den eigenen Systemcode zu erweitern (vgl. Hallay und Pfriem 1994, S. 3).

Abschließend sei für einen möglichen Bau einer LO die Ausrichtung der Kommunikation erwähnt. In einem autopoietischen Organisationsprozess kommt es weniger darauf an, Kommunikation von oben nach unten zu gestalten, sondern die Kommunikation den Systemteilen bzw. Systemen zu überlassen, die auch in Relation zueinander stehen. Dabei sollte auf dem Wege einer netzartigen Kommunikationsstruktur auch die Kommunikation von unten nach oben sowie auf allen Ebenen gefördert werden.

# 7    Zusammenfassung und Ausblick

Die durch die Umwelteinflüsse zahlreich determinierten Umstände in Organisationen, die oftmals mit Problemen und Krisen verbunden sind, werden primär im steigenden Wettbewerbsdruck gesehen. Lernende Organisationen zehren von der Notwendigkeit tiefgreifender Veränderungen, indem der Sinn von Veränderungen und des eigenen Handelns hinterfragt werden. Begünstigt wird diese Konzeptentwicklung durch das Versagen bisheriger Umstrukturierung seitens des Managements im Zuge mehrerer Eskalationsstufen von Wandelprozessen (vgl. Kap. 3).

Zur theoretischen Fundierung und Erklärung des Organisationsproblems existieren unterschiedliche Erklärungsansätze mit jeweils unterschiedlichen Betrachtungsschwerpunkten, wobei dem systemtheoretischen Ansatz durch seine Ganzheitlichkeitsbetrachtung eine besondere Beachtung zukommt. Im Sinne des Satzes "Das Ganze ist mehr als die Summe seiner Teile" trägt die Systemtheorie als Metadisziplin zur Beschreibung von LO bei.

In der Systemtheorie werden Systeme zunächst als vollkommen offene Systeme mit ständigen Wechselbeziehungen von Organisation und Umwelt beschrieben. Neben der Offenheit hat sie auch die Dynamik und Komplexität in und von Systemen als weitere Betrachtungsschwerpunkte. Die "Neuere Systemtheorie" wendet sich hingegen ab von der Offenheit hin zur operativen Geschlossenheit, einer beschriebenen Notwendigkeit für die Identitätsfindung und Autopoiese von Systemen.

Die Organisatoren eines operativ geschlossenen Systems sind in dem System selber verankert. Das wiederum heißt, dass alle Handlungen des Systems sich selbst betreffen und diese Handlungen wieder einen Ausgangspunkt für eine weitere Handlung darstellen. Diese Handlungsfolgen sind die Grundlage für die Identität des Systems, die Eigenschaften und Grenzen werden durch diese gebildet.

In Anbetracht eines Entwicklungsprozesses geht es darum, Komplexität auf relevant zu verarbeitete Informationen zu reduzieren und im Inneren des Systems in Entscheidungen umzuwandeln. Der Fortschritt der Organisationsentwicklung bietet einige Konzepte an, die den Wandel als separates Ausnahmeproblem auffassen und zur Lösung auf die Entwicklung der Organisationsmitglieder durch ein erfahrungsbegleitendes Lernen durch Menschen abstellen.

Die Laboratoriumsmethode, die Survey-Feedback- Methode und die Aktionsforschung beziehen ihre Theorien und Handlungen auf den Menschen bzw. auf die Gruppe und bedienen sich insbesondere soziologischer und psychologischer Erkenntnisse; eine unbedingte Notwendigkeit für den Wechsel vom Maschinen-System hin zum Mensch-System.

Besonders der Einsatz von Wandel-Beratern kennzeichnet die Organisations-entwicklung. Sie leisten als externe Organisations-Helfer "Entwicklungshilfe" und initiieren und begleiten den Wandel.

Ausgehend vom Phasenmodell Lewins wird der Veränderungsprozess durch die Phasen *"Auftauen"*, *"Verändern"*, *"Stabilisieren"* und *"Einfrieren"* markiert, dessen Ziel immer die Stabilisierung des Systems ist. Die *"Organisatorische Transformation"* beinhaltet darüber hinaus die prozessorientierte Umwandlung bzw. Umgestaltung der Organisation mit der Betonung einer organisatorischen Autonomie.

Die LO ist ein Konzept, welches ebenso den Wandel und die begleitenden Veränderungen als Ursprung hat. Organisationen bedürfen einer stetigen Entwicklung, wie es analog die Evolutionsbiologie (Maturana, Varela) lehrt.

Mit variierenden Bezeichnungen und in divergierender Abfolge enthalten die Modelle organisationalen Lernens immer mehrere Teilprozesse bzw. Lernphasen: Ein Erkennen bzw. ein zufälliges Initiierten von Stimuli (Informationen, Wissen), eine Verteilung dieser Informationen, eine Bearbeitung und Integration in bestehende Wissenssysteme und eine Umsetzung des gelernten in Routinen, Verhalten und veränderte Strukturen. Im Rahmen des Input-, Aufnahme- oder Identifikationsprozess, werden Umwelt-Stimuli bzw. Stimuli innerhalb der Organisation wahrgenommen, und/oder es findet eine Problemidentifikation, Erkennung von externen Strömungen oder Feedback-Prozesse aus der Umwelt/Organisation statt.

Ein weiterer identifizierbarer Prozess organisationalen Lernens kann als Verteilungsprozess bezeichnet werden. Identifizierte Informationen werden durch Informations- und Kommunikationskanäle verteilt und diffundieren im System. Die Kommunikation individuellen Wissens stellt in diesem Sinne einen wichtigen Verteilungsprozess dar, da hier Wissen, das vormals nur dem Individuum zur Verfügung stand, nun einem kollektiven Wissenssystem zugänglich gemacht wird.

Alle Prozess-Modelle beziehen sich mehr oder weniger explizit auf einen Verarbeitungsprozess. Je nach lerntheoretischem Hintergrund erfolgt dieser Verarbeitungsprozess entweder in einer mehr oder weniger mechanistischen Verknüpfung von Stimulus- Response- Ketten, oder aber es handelt sich um einen aktiven Prozess, bei dem durch Abstraktionsleistungen neue Erkenntnisse beziehungsweise integrative Verknüpfungen erzielt werden. Informationen und Wissen werden selektiert, interpretiert, reflektiert, autorisiert, kombiniert, verknüpft und in theoretische Bezugsrahmen konzeptionell integriert.

Die Integration von Informationen, Erkenntnissen und Wissen in das jeweilige Wissenssystem - bzw. die organisationalen Handlungstheorien, Interpretationsschemata oder kognitiven Landkarten - kann eine Speicherung und damit eine Modifikation der Wissensbasis zur Folge haben. Auch wenn die Handlungstheorien unverändert bleiben, findet u.U. durch die Speicherung von neuen Informationen eine Modifikation i.S. von Erweiterung und Differenzierung der organisationalen Wissensbasis statt. Jede Speicherung von Informationen, unabhängig davon, ob damit eine Bestätigung, Widerlegung, Veränderung oder Differenzierung der Handlungstheorien verbunden sind, kann als Modifikationsprozess bezeichnet werden.

Schließlich ist auch die Verhaltensebene in den meisten Ablaufschemata enthalten. Im Rahmen der verschiedenen Ansätze sind hier ebenfalls die unterschiedlichen lerntheoretischen Grundpositionen wiederzuerkennen, wenn einerseits von Responses gesprochen und andererseits erkenntnisgeleitetes Handeln als Ergebnis eines organisationalen Lernprozesses angenommen wird.

Eine hohe Umweltdynamik erfordert -wie oben bereits erläutert- schnellere Wandelprozesse. Schneller Wandel verlangt wiederum schnelle Entscheidungen, die als relativ kleiner Prozess große Auswirkungen haben können.[89] Neben der Notwendigkeit schnellerer Entscheidungsprozesse wächst auch die Vielfalt der Möglichkeiten von Entscheidungen. Eine LO kann als ein System auf hohem Entwicklungsstatus definiert werden. Sie greift einige kritische Ansatzpunkte aus der klassischen und neoklassischen Organisationstheorie auf und fasst kritikwürdige Erkenntnisse in einer Art Synthese zusammen. Sie rückt mehr als der verhaltenswissenschaftliche Ansatz den Menschen mit seinen kognitiven Fähigkeiten in den Mittelpunkt; der Mensch als Gerüst jeder Organisation und Wesen, welches Organisationslernen gestaltet.

Management ist in der LO kein starres, hierarchiebezogenes und gestaltbares Instrument mehr. Innerhalb des Konzeptes der LO stellt sich das Management als eine dynamische prozessorientierte Einrichtung, die einem organisatorischen Regelwerk unterliegt. Managementhandlungen werden durch die Summe der in der Organisation geltenden Regeln gezielt beeinflusst und kontrolliert. Es sollte daher für die Konstruktion einer LO gelten, die Regeln in einer Organisation zu verändern und nicht die Menschen nur durch Qualifikation und Weiterbildung. Regeln bestimmen, was wie und wann in einer Organisation vonstatten geht. Dem Management obliegt aus der klassischen Organisationstheorie zwar die Aufgabe, das wann und wie von Veränderungen zu bestimmen. Einfaches Ursache-Wirkungs-Denken spielt für die Konstruktion einer entwicklungsfähigen Unternehmung dabei jedoch kaum noch eine Rolle.

Organisationales Lernen ist vom individuellen Lernen eindeutig abzugrenzen. Wichtiges Motiv ist die unerlässliche Berücksichtigung organisationaler Rahmenbedingungen: die Organisationskultur und Organisationsstruktur. In der wirtschaftsethischen Diskussion wird ausführlich die "Ressource" Kultur für die Unternehmensgestaltung betont (vgl. P. Ulrich und Thielemann 1992: Ethik und Erfolg). Für die LO bedeutet Lernen, als Anstoß von Organisationsentwicklung,

---

89 Heitger führt an dieser Stelle die Bifurkationen aus der Chaostheorie an, nach welcher kleine Veränderungen komplexe Auswirkungen zur Folge haben.

neben der Veränderung von Strukturen auch die Berücksichtigung von Unternehmenskultur. Diese bezieht ihren Wert aus der Nicht-Machbarkeit. Kultur kann nicht aufoktroyiert werden, Kultur bedingt ebenso einer Entwicklung, an der in einer LO alle an dem Konzept Gebundenen beteiligt sind.

Für das Erreichen dieses anspruchsvollen Zieles können und müssen gängige individuelle Lernerkenntnisse herangezogen werden. Für einen konzeptionellen Erklärungsansatz genügen sie allein nicht mehr, da sie Lernen nur auf einem relativ niedrigen Niveau auf der Ebene des Individuums bzw. der Gruppe betrachten. Eine Reflexion auf der Ebene der Organisation findet demnach nicht statt.

Argyris und Schön sowie Bateson haben mit dem Single-, Double- und Deutero-Lernen einen organisationalen Lernprozess auf drei aufeinander bauenden Lernniveaus beschrieben, wobei das Deutero-Lernen ein Lernen auf dem höchsten Niveau darstellt. Dieses "Lernen-zu-Lernen" bezieht die unteren zwei Lernniveaus ein und beobachtet, beschreibt und reflektiert zusätzlich den Lernvorgang auf allen Ebenen. Dies bietet die Möglichkeit, auf jeder Ebene Korrekturen anzubringen. Lernen wird somit auch zu einem ständigen Prozess der übereinstimmenden Überprüfung von Kultur und Umfeld.

In diesem Sinn erfordert die Veränderung der Organisationsstruktur ein grundsätzliches Umdenken aller Organisationsmitglieder. Der oben angesprochene Paradigmawechsel bewegt sich zu einem ganzheitlichen, systemorientierten, für die Organisation lernenden Postulat.

Organisationales Lernen und damit verbunden eine konzeptionelle Entwicklung ist nur schwer zu "verabreichen" (managen). Die Berücksichtigung selbstorganisatorischer Potentiale berücksichtigt die in der Organisation vorhandenen Ressourcen und kumuliert sie in einer Synthese von selbstorganisatorischen Handlungen.

Für derartige Prozesse bedarf es ausführlicher Selbstbeobachtungen der eigenen Handlungsmaximen im System und dem Umsystem, die in Form von Selbstbeschreibungen verfügbar gemacht werden können. Die LO operiert mit der Differenz vorher/nachher. Man denkt über sich als System nach, indem man zurückschaut, Selbstbeobachtungen kommuniziert und auf diese Weise für einen bestimmten Zeitpunkt ein gemeinsam geteiltes Bild von sich selbst hervorbringt.

Durch eine operative Geschlossenheit können Lernprozesse gefördert werden. Hierzu bedarf es einer eigenen Identität, die im Prozess der Selbstbeobachtungen und Selbstbeschreibungen ständig reflektiert und in die Veränderungen eingegliedert werden. Die Frage nach dem Sinn künftiger Überlegungen bedarf daher einer kontinuierlichen Kommunikation. Nur die Beobachtungen, die im System kommuniziert werden, können ein organisationales Lernen fordern und fördern, da alle Systemmitglieder in den Gestaltungsprozess einbezogen werden.

Selbstbeobachtung und Selbstbeschreibung können das Ziel eines reflektierten Umgangs mit Umweltsignalen nur erzielen, wenn sie im System institutionalisiert werden. Das heißt, sie müssen Eingang finden in die Rahmenbedingungen, den Handlungskontext der Unternehmung. Erst wenn sie als unternehmerischer Wert erkannt und anerkannt sind, können sie zu einer Entwicklung der Unternehmung beitragen, im tieferen Sinn damit auch zu einer Entwicklung der Unternehmenskultur (vgl. Hallay und Pfriem 1994, S.3).

Durch Selbstbeobachtungen und Selbstbeschreibungen können Unternehmen zudem ihre eigene Wirklichkeit konstruieren. Diese Wirklichkeit betrifft die Ebenen der Organisation als solche, die Ebene der Umwelt, in der diese Organisation sich bewegt und die Ebene der Organisation zu seiner Umwelt. Organisationen entscheiden, was für sie auf welcher Ebene von Interesse, für sie real werden soll und der Wirklichkeitsschaffung dienlich sein kann.

Die Schaffung einer eigenen Wirklichkeit wird durch Berücksichtigung des Deutero-Lernens gefördert. Deutero-Lernen erscheint aufgrund seiner Reflexionsmöglichkeiten unerlässlich für diesen Prozess, da es durch ein Lernen-zu-Lernen nicht als abgeschlossener Prozess von Entwicklung verstanden wird. Andersherum kann die Schaffung von eigenen Wirklichkeiten als eine Weiterentwicklung im Sinne von Fortschritt des Deutero-Lernens verstanden werden.

Die erworbenen Erkenntnisse bezogen auf den Zusammenhang von Entwicklung und der LO, zeigt, dass die Entwicklung einer Organisation durch ein Double-loop-Lernen, in besonderem Maße aber durch das Deutero-Lernen stattfindet. Ein Single-loop-Lernprozeß bleibt langfristig auf einem gleichen Entwicklungsniveau.

Deutero-Lernen betont indes die Abhängigkeit von weiterführenden Theorien in Richtung Entwicklungsfähigkeit. Als die höchstentwickelte Form des organisationalen Lernens kann es in einem selbstorganisatorischen Enwicklungsprozeß münden, welcher sich rekursiv dieses Lernens bedient.

Die meisten OE-Konzepte zielen hingegen darauf ab, durch Schulungs- oder Weiterbildungsmaßnahmen auf Personen einzuwirken; sie in dem Sinne weiterzubilden und zu qualifizieren, dass sie mit zukünftigen Problemsituationen besser umgehen können. Die LO stellt vielmehr auf die Veränderung und Entwicklung des organisatorischen Regelwerks ab, welches durch Eingliederung von Lernprozessen einen neuen Sinn bekommen kann. Entwicklung wird zudem gefördert, wenn ein System einen höheren Entwicklungsstand erreicht, welcher wiederum durch ein erhöhtes Verhaltenspotential und durch eine verbesserte Lern- und Wahrnehmungsfähigkeit gekennzeichnet ist (vgl. Klimecki et al. 1991, S. 133).

Den Zusammenhang von Entwicklung und Lernniveau soll die folgende Abbildung darstellen.

**Abbildung 21: Lernen und Entwicklung**

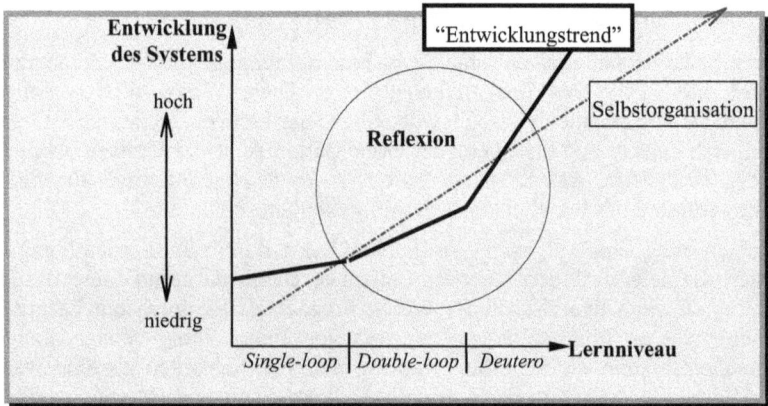

*Quelle: Verfasser*

Die Entwicklung einer Unternehmung ist bei der LO abhängig vom jeweils realisierten Lernniveau. Ausgehend von den individuellen Lernerkenntnissen sind für eine LO die Lernebenen von Argyris/Schön und Bateson von besonderer Relevanz. Eine Unternehmung mit einem hohen Entwicklungsbedarf kann ein steigendes Entwicklungsniveau dadurch erreichen, wenn es auch ein hohes Lernniveau anpeilt. Voraussetzung des Entwicklungsprozesses ist der "reflexive Rahmen", hier als durchlässiger Kreis dargestellt.

Das bedeutet, dass durch reflexives und selbstreferentielles (auf sich bezogenes) Lernen die Möglichkeit steigen kann, einen höheren Entwicklungsstand und somit auch ein höheres Problemlösungspotential zu erhalten. Mit diesem gestiegenen Problemlösungspotential kann auch ein steigender Grad an Selbstorganisation verbunden sein, in der Abbildung durch den steigenden "Trendstrahl" dargestellt. Je weiter die nächst höhere Ebene angesprochen wird, desto höher wächst auch der Grad von Selbstorganisation.

Es kann in diesen Zusammenhängen die Frage gestellt werden, inwieweit das LO-Konzept auch ein in der Praxis realisierbares Konzept sein kann. Man muss sich vor diesen Überlegungen klarmachen, dass für den Aufbau einer LO kein fester Bauplan existiert.

Für die Entwicklung eines organisationalen Lernkonzeptes kommt man nicht umhin, die Menschen als Hauptbestandteil der Organisation zu erkennen. Sie sind wesentlicher Baustein zum Aufbau einer LO und somit auch ihre unterschiedlichen Motivationen, Vorstellungen, Neigungen und Verhaltensweisen, welche nicht vom Management aufoktroyiert werden können. Diese besonderen Verhaltensmerkmale des Menschen sind verstärkt zu berücksichtigen.

Das organisatorische Lernen als eines von vielen neuen Managementkonzepten kann als eine Art Philosophie, Sichtweise oder eine Einstellung verstanden werden. Das organisatorische Lernen integriert dabei andere Entwicklungskonzepte wie in besonderem Maße die der Organisationsentwicklung, des Total Quality Management, des Benchmarking oder auch der Personalentwicklung.[90]

Es existiert aber ein Unterschied zwischen dem organisatorischen Lernen und anderen Managementkonzepten: Während bei den meisten anderen Konzepten das Ziel, also die Verbesserung der Produktqualität oder die Qualifikationsentwicklung des Personals betont wird und dazu die Methoden des organisatorischen Lernens angewendet werden, wird bei der LO die Grundeinstellung, die Forderung zu ständigem reflexiven Lernen und zu ständiger Weiterentwicklung in den Vordergrund gestellt. Optionen zur beruflichen Weiterbildung und Qualifikation sind in einer LO ebenso integriert. So sind Qualifizierungsangebote gerade in Hinsicht einer zunehmenden Verantwortungsdelegierung für nahezu alle Mitarbeiter unverzichtbar. Mitarbeiter mit einem konstanten ("niedrigen") Wissensstand könnten Probleme im Umgang mit der auf sie zukommenden Veränderungen bekommen, wenn sie nicht hinsichtlich ihrer Fach- und Sozialkompetenz ebenfalls eine Entwicklung erführen.

In diesem Zusammenhang sind die kognitiven Lernmöglichkeiten des Menschen gefordert, auf welche das organisationale Lernkonzept in einem besonderen Maße baut und im Rahmen des Deutero-Lernens für besonders entwicklungsfähig hält. Allerdings gibt es nur wenige Handlungsanweisungen über Vorgehensweisen, die eben diese Fähigkeiten fördern. Vielleicht könnte dies auch ein Ansatzpunkt qualifizierender Maßnahmen sein.

Da es sich bei der LO insbesondere um ein theoretisches Konzept handelt, sind die Schwierigkeiten offensichtlich, die umfangreichen Erkenntnisse aus der Betriebswirtschaftslehre, der Sozialwissenschaft, der Psychologie, der Evolutions-

---

90  Das Ziel von *Total Quality Management* ist die kontinuierliche Verbesserung des Unternehmens. Dazu werden u.a. Qualitätszirkel gebildet, eine Form von Team-Lernen. Auch die Motivation der Mitarbeiter spielt eine wichtige Rolle. Beim Konzept des Total Quality Management wird die Verbesserung der Produktqualität betont und dabei die Methoden der LO angewendet.
  *Benchmarking* ist ein weiteres Managementkonzept, das man als Teildisziplin des organisatorischen Lernens wiederfindet. Benchmarking wird auch als eine Möglichkeit der Wissensbeschaffung außerhalb der eigenen Organisation angewendet.
  *Personalentwicklung* also die personalwirtschaftliche Funktion, die darauf abzielt, Belegschaftsmitgliedern aller hierarischen Stufen Qualifikation zur Bewältigung der gegenwärtigen und zukünftigen Anforderungen zu vermitteln ist ein Teil vom organisatorischen Lernen, denn die kleinste Einheit in einer Organisation ist ein Mitglied dieser Organisation.

biologie und der Pädagogik unternehmensintern in einem geschlossenen Anwendungskonzept zu formulieren. Diese Frage sollte auch nicht primärer Gegenstand dieser Arbeit sein.

Für eine Konstruktion einer LO lässt sich abschließend jedoch folgende Darstellung anführen, in welcher wichtige Kernpunkte dargestellt werden:

**Abbildung 22: Erfolgsfaktoren einer Lernenden Organisation**

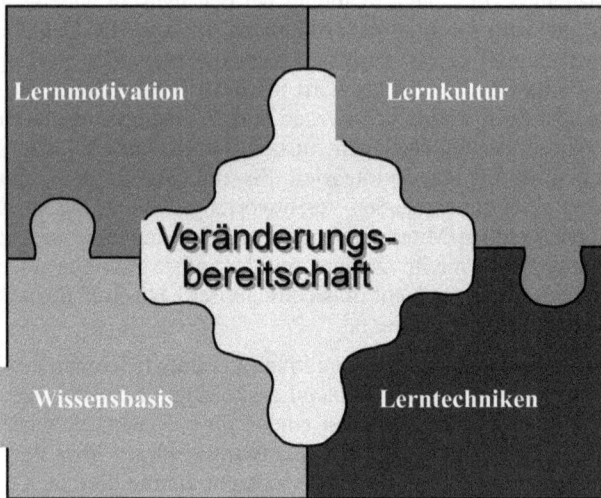

*Quelle: Verfasser*

Die Lernmotivation der Organisationsmitglieder muss als Ausgangspunkt betrachtet werden. Sie gibt an, wie groß der Wille zu lernen ist. Unter der Lernkultur sei besonders die Organisationskultur angesprochen. Sie hat Einfluss auf das Lernklima in der Organisation und beschreibt den Rahmen von möglichen Experimenten und Fehlern.

Gleichzeitig stellt sich auch immer das Problem der geeigneten Lerntechnik. Der Einsatz gestaltet sich abhängig vom jeweiligen Lernniveau.[91]

---

91 Es wäre interessant, die Bedeutung und den Einsatz pragmatischer Lerntechniken bei einer anwachsenden Selbstorganisation zu diskutieren.

Diese Aktivitäten münden in eine organisatorische Wissensbasis. Für die Entwicklung einer Unternehmung hat in diesem Zusammenhang die Aktualität und die Zukunftsorientierung dieser Wissensbasis einen richtungsweisenden Einfluss.

Alle Faktoren zusammen determinieren im Rahmen der Veränderungsbereitschaft den Erfolg künftiger Entwicklung von Unternehmen. Sie sind immer an die Bereitschaft der Organisationsmitglieder gekoppelt, Veränderungen nicht nur zu akzeptieren, sondern diese Akzeptanz auch konkret für die Organisation einzusetzen.

Da das LO-Konzept zahlreiche unsichtbare Fähigkeiten des Menschen bei dieser Entwicklung mit einbezieht, ist auf allen Ebenen eine breit angelegte Überzeugungsarbeit zu leisten. Die Änderung der Einstellungen der Individuen stellt sich als eines der wichtigsten Elemente im Aufbau einer LO dar. Die besten Theorien, Hilfsmittel und Unterrichtsmaterialien sind nur nette Spielereien, wenn die Mitarbeiter nicht bereit sind, diese zu akzeptieren.

**Liebe Freunde des „Lernens" in (und von) Unternehmen,**

einige Zeit sollte vergehen, bevor ich mich enschloss, diese Arbeit in dieser
Form zu veröffentlichen. Nach einigen Jahren der praktischen Erfahrung mit
Lernen in und von Unternehmen habe ich immer wieder beobachten müssen,
dass für die Umsetzung zahlreiche Probleme auftauchen. Die Lösung besteht
meines Erachtens jedoch nicht in dem Verkaufen unserer Beratungsprodukte als
ein geschlossenes Lösungspaket, sondern vielmehr in der Sensibilisierung von
leitenden Personen, dieses erfolgsfördernde Thema zu verstehen und anzupak-
ken.

Die hier rein theoretische Auseinandersetzung mit Organisationsentwicklung
und der Verknüpfung mit systemtheoretischen Gedanken leisten mir bis heute
denk- und handlungsleitende Analyse- und Interventionsansätze von und für Organisationen.

Meine persönliche Entwicklung – erweitert durch natürlich wachsende Lebens-
erfahrung und den erlernten Blick auf „pragmatische Lösungsansätze" für Organisationen mit meiner Beratungsfirma *LearnAct! GmbH* sowie trainiert durch
zahlreiche Aus- und Weiterbildungen – zeigen mir Jahre nach den Grundgedan-
ken dieser Arbeit, dass sie heute immer noch einen großen Einfluss auf das
Denken von Menschen in Organisationen haben.

Dabei sind konstruktivistische Kategorien wie „Beobachtung", „Reflexion" und
„Beschreiben von Differenzen" immer wieder sinnstiftende Denk- und Hand-
lungsansätze.

Ich hoffe, dass ich Ihnen mit meinen Gedanken die Natürlichkeit, Notwendigkeit
und schließlich den Lernansatz für unternehmerischen Erfolg näher bringen
kann.

Über Feedback und Zitierungen freue ich mich natürlich. Ich wünsche viel Spaß
beim „Um- und Weiterdenken",

Gerald (Lembke)
Gerald.Lembke@LearnAct.de

Kontakt:

**Gerald Lembke**

**LearnAct!** GmbH
**Unternehmensentwicklung**
Rambacher Strasse 74, D-65193 Wiesbaden,
Tel.: +49(0)6 11.5 42 07 28
Fax: +49(0)6 11.5 42 07 24


E-Mail: Gerald.Lembke@LearnAct.de
Seminare und Beratung: www.LearnAct.de

# 9    Anhang

## Systematisierungen von organisationalem Lernen

| | Lerntyp 1:<br>*Anpassungslernen* | Lerntyp 2:<br>*Veränderungslernen* | Lerntyp 3:<br>*Prozeßlernen* |
|---|---|---|---|
| Pawlowsky (1992) | Idiosykratische Adaption | Umweltadaption | Problemlösungslernen |
| Argyris und Schön (1978) | Single-loop learning | Double-loop-learning | Deutero-learning |
| Klimecki, Probst und Eberl (1991) | Verbesserungslernen | Veränderungslernen | Lernen lernen |
| Sattelberger (1992) | Organisationsänderung | Organisations-entwicklung | Organisationstrans-formation |
| Senge (1990) | Adaptive learning | | Generative learning |
| Garrant (1990) | Operational learning circle | Policy learning circle | Integrated learning circle |
| Morgan (1986) | "Single-loop" | "Double-loop" | holographic learning |
| Pautzke (1989) | Erhöhung der Effizienz | Lernen aus Erfahrung | Veränderung von Wissensstrukturen |
| Staehle (1991) | "Assimilation" | "Akkomodation" | "Aquilibration" |
| Hedberg (1981) | Adjustment learning | Turnover learning | Turnaround learning |
| Geißler (1991) | (keine begriffliche Bestimmung) | | |
| Fiol und Lyles (1985) | lower level learning | higher level learning | |
| Bateson (1979) | Lernen I | | Deutero-learning |
| Shrivastava (1983) | Adaption | assumption sharing | development of knowledge base |
| Duncan und Weiss (1979) | Adaption | | |
| March und Olsen (1976) | Adaption | | |
| Cyert und March (1963) | Adaption | | |
| Cangelosi und Dill (1965) | Adaption | | |

*Quelle: Probst und Büchel (1994) S. 178*

## A. Hier verwendete Bücher

**Ackoff, Russell L. [1961]** (Hrsg.): Progress in operations research, New York: Wiley

**Angermeier, Wilhelm F.; Peter Bednorz; Martin Schuster [1991]**: Lernpsychologie, 2. Aufl. München, Basel: Reinhardt Verlag

**Ansoff, H.I. [1966]**: Management Strategie, München: Vahlen

**Argyris, Chris; Donald A. Schön [1978]**: Organizational Learning: A Theory of Action Perspective, Reading (Mass.)

**Axelrod, Robert [1988]**: Die Evolution der Kooperation, München: Oldenbourg

**Bandura, A. [1979]**: Sozial-Kognitive Lerntheorie, Stuttgart: Klett-Cotta

**Bartölke, Klaus [1980]**: Organisationsentwicklung für entwicklungsfähige Organisationsmitglieder, in: Kappler, E. [1980]: Unternehmensstruktur und Unternehmensentwicklung. Freiburg i.B., S. 319-344.

**Bateson, Gregory [1983]**: Ökologie des Geistes - Anthropologische, psychologische, biologische und epistemologische Perspektiven, 6. Aufl. Frankfurt a.M.: Suhrkamp

**Bertalanffy, Ludwig v.; Walter Beier; Reinhard Laue [1977]**: Biophysik des Fließgleichgewichts, Braunschweig: Akademie Verlag

**Bleicher, Knut [1979]**: Unternehmensentwicklung und organisatorische Gestaltung, Stuttgart, New York: Fischer (UTB)

**Blohm, Hans [1977]**: Organisation, Information, und Überwachung, 3. Aufl. Wiesbaden: Gabler

**Buchinger, Kurt [1992]**: Ist Teamsupervision Organisationsberatung? Zur Professionalisierung von Selbstreflexion, in: Wimmer, Rudolf (Hrsg.): Organisationsberatung. Wiesbaden: Gabler 1992, S. 151-169

**Comelli, Gerhard; Wolfgang Jeserich (Hrsg.) [1985]:** Training als Beitrag zur Organisationsentwicklung. Handbuch der Weiterbildung für die Praxis in Wirtschaft und Verwaltung, Bd. 4., München, Wien: Hanser

**Correll, Werner [1964]:** Lernpsychologie, Donauwörth: Auer-Verlag

**Correll, Werner [1972]:** Lernen und Verhalten. Grundlagen der Optimierung von Lernen und Lehren, Frankfurt a.M.: Fisher TB-Verlag

**Cyert, Richard M.; James G. March [1963]:** A Behavioural Theory of Firm, Prentice Hall, Englewood Cliffs, New Jersey

**Decker, Franz [1995]:** Die neuen Methoden des Lernens und der Veränderung, München:

**Dörner, Dietrich [1983]** (Hrsg.): Lohhausen - Vom Umgang mit Unbestimmtheit und Komplexität, Bern [u.a.]: Huber

**Dörner, Dietrich [1989]:** Die Logik des Misslingens. Strategisches Denken in komplexen Situationen, Reinbek bei Hamburg: Rowohlt Verlag

**Duncan, R.B.; A. Weiss [1979]:** Organizational Learning: Implications for Organizational Design, in: Staw, B. [1979] (Hrsg.), S. 75-123

**Estes, W.K. [1979]:** Lernen und Verhalten, in: Hasseloff, O.W. [1979] (Hrsg.) Struktur und Dynamik des menschlichen Verhaltens. Stuttgart S. 98-112

**Etzioni, Amitai [1975]:** Die aktive Gesellschaft, Opladen: Westdeutscher Verlag

**Fatzer, Gerhard [1990]:** Ganzheitliches Lernen, Paderborn: Junfermann

**Fetzer, Gerhard [1993]** (Hrsg.): Organisationsentwicklung für die Zukunft: ein Handbuch, Köln

**Foerster, Heinz von [1985]:** Sicht und Einsicht, Braunschweig: Vieweg

**Foerster, Heinz von [1992]:** Einführung in den Konstruktivismus, München: Piper Verlag

**Foppa, K. [1972]:** Lernen, Gedächtnis, Verhalten: Ergebnisse und Probleme der Lernpsychologie, Köln, Berlin: Verlag Kiepenheuer & Witsch

**Franken, Rolf [1982]**: Grundlagen einer handlungsorientierten Organisations-Theorie, Berlin: Duncker & Humbolt

**Franke, Jutta [1993]**: Organisationsentwicklung und Organisationsentwicklungsberatung: Eine wirtschaftspädagogische Perspektive, (Diss.). Köln: Botermann u. Botermann

**Frankl, Victor E. [1979]**: Der Mensch vor der Frage nach dem Sinn, Eine Auswahl aus dem Gesamtwerk. München: Piper Verlag

**French, Wendell; Cecil Bell [1973]**: Organisationsentwicklung, 3. Aufl. Bern: Haupt (UTB)

**Frese, Erich [1991]** (Hrsg.): Organisation, 4. Aufl. Wiesbaden: Gabler

**Frese, Erich [1992]** (Hrsg.): Handwörterbuch der Organisation, 3.Aufl. Stuttgart: Poeschel

**Frieling, Ekkehart; Ursula Reuther (Hrsg.) [1993]**: Das lernende Unternehmen, Dokumentation einer Fachtagung am 6. Mai 1993 in München (Veranstalter: BMW München). Bochum: NERES Verlag

**Fröhlich, Werner D. [1990]** (Hrsg.): dtv-Wörterbuch zur Psychologie, 17. Aufl. München: Deutscher TB-Verlag

**Fuchs, Herbert; Erwin Grochla; Norbert Szyperski (Hrsg.) [1973]**: Systemtheorie und Organisation: Die Theorie offener Systeme als Grundlage zur Erforschung und Gestaltung betrieblicher Systeme, Wiesbaden: Gabler

**Furth, Hans G. [1972]**: Intelligenz und Erkennen, Frankfurt a.M.: Suhrkamp

**Garrat, J.; J.G. Burgoyne [1987]**: The learning Organization, London

**Gebert, Diether [1978]**: Organisation und Umwelt: Probleme der Gestaltung innovationsfähiger Organisationen, Stuttgart; Berlin; Köln; Mainz: Kohlhammer

**Gebert, Diether [1992]**: Stichwort: Kommunikation, in: Frese, Erich (Hrsg.): Handwörterbuch der Organisation, 3.Aufl. S. 1110-1121 Stuttgart: Poeschel 1992,

**Geißler, Harald [1991]**: Vom Lernen in der Organisation zum Lernen der Organisation, in: Thomas Sattelberger (Hrsg.) Die lernende Organisation - Konzepte für eine neue Qualität der Unternehmensentwicklung, Wiesbaden: Gabler, S.80-96

**Gharajedaghi,J.; Ackoff, R. [1985]**: Mechanistische, organismische und soziale Systeme, in: Probst, Gilbert J.B. ; H. Siegwart (Hrsg.): Integriertes Management. Bern: Haupt, S. 228-298

**Glasl, Friedrich; L. de la Houssaye [1975]**: Organisationsentwicklung, Bern [u.a.]: Haupt-Verlag

**Grochla, Erwin [1972]**: Unternehmensorganisation: Neue Ansätze und Konzeptionen, Reinbek: Rowohlt

**Grochla, Erwin [1976]** (Hrsg.): Organisationstheorie, 2. Teilband. Stuttgart: Poeschel

**Grochla, Erwin [1980]** (Hrsg.): Handwörterbuch der Organisation, Stuttgart: Poeschel

**Grochla, Erwin [1993]**: Organisation und Organisationsstruktur, in: Grochla, Erwin; Waldemar Wittman (Hrsg.): Handwörterbuch der Betriebswirtschaft, 5.Aufl.

**Gudjons, Herbert [1993]**: Pädagogisches Grundwissen: Überblick - Kompendium-Studienbuch, Bad Heilbrunn: Klinkhardt

**Gussmann, Bernd [1988]**: Innovationsfördernde Unternehmenskultur - Die Steigerung der Innovationsbereitschaft als Aufgabe der Organisationsentwicklung, Berlin: Erich Schmidt Verlag

**Gutenberg, Erich [1968]**: Grundlagen der Betriebswirtschaftslehre, Bd. 1: Die Produktion, 14. Aufl. Springer: Berlin [u.a.]

**Habermas, Jürgen [1982 a]**: Theorie des kommunikativen Handelns, Bd. 1: Handlungsrationalität und gesellschaftliche Rationalisierung, Frankfurt a.M.: Suhrkamp

**Habermas, Jürgen [1982 b]**: Theorie des kommunikativen Handelns, Bd. 2: Zur Kritik der funktionalistischen Vernunft, Frankfurt a.M.: Suhrkamp

**Hagmüller, Peter [1985]**: Methoden und Techniken des Lernens, Düsseldorf: Pädagogischer Verlag Schwann

**Händle, Frank; Jensen, Stefan [1974]**: Systhemtheorie und Systemtechnik - 16 Aufsätze, München: Nymphenburger Verlag

**Haseloff, Walter [1970]** (Hrsg.): Struktur und Dynamik des menschlichen Verhaltens. Zum Stand der modernen Psychologie, Stuttgart: Kohlhammer

**Hedberg, Bo [1981 b]**: How Organizations Learn and Unlearn, in: Nystrom, P. C.; W. H. Starbuck (Eds.): Handbook of Organizational design, Bd. 1 S. 3-27

**Hedberg, Bo; P.C. Nyström; H.W. Starbuck [1981 a]** (Hrsg.): Sammelband: Handbook of Organisation and design, Bd. 1 und 2

**Heineken, Edgar; Habermann, Thomas [1985]**: Lernpsychologie für den beruflichen Alltag, Heidelberg: Sauer

**Heinen, Edmund [1972]**: Grundfragen der entscheidungsorientierten Betriebswirtschaftslehre, München: Goldmann

**Heitger, Barbara [1991]**: Chaotische Organisationen - Organisiertes Chaos? Der Beitrag des Managements zur lernenden Organisation, in: Sattelberger, Thomas [1991]: Die lernende Organisation: Konzepte für eine neue Qualität der Unternehmensentwicklung, Wiesbaden: Gabler, S. 113-124

**Hentze, Joachim [1991]**: Personalwirtschaftslehre 1, 5. Aufl. Bern, Stuttgart: Haupt

**Hill, Wilhelm; Raymond Fehlbaum; Peter Ulrich [1981]**: Organisationslehre 2: Ziele, Instrumente und Bedingungen der Organisation sozialer Systeme, 3. Aufl. Stuttgart, Bern: Verlag Paul Haupt (UTB)

**Hill, Wilhelm; Raymond Fehlbaum; Peter Ulrich [1994]**: Organisationslehre 1: Ziele, Instrumente und Bedingungen der Organisation sozialer Systeme, 5. Aufl. Stuttgart, Bern: Verlag Paul Haupt (UTB)

**Hoffmann, Friedrich [1976]**: Entwicklung der Organisationsforschung, 2. Aufl. Wiesbaden: Gabler

**Hofstätter, Peter R.** [1973]: Psychologie, Frankfurt: Fischer-Taschenbuch-Verlag

**Horváth, Peter [1971]:** Betriebliche Entscheidungen als Teile eines Lernprozesses, Meisenheim am Glan: Anton Hain Verlag

**Hüholdt, Jürgen [1993]:** Wunderland des Lernens - Lernbiologie, Lernmethodik, Lerntechnik, 8.Aufl. Bochum: Verlag für Didaktik

**Janz, Rainer [1994]:** Neue Lern- und Management-Methoden: Darstellung in Auswahl und Aspekte der Optimierung für das Erwachsenenlernen, Frankfurt a. M.: Haag und Herchen

**Kakabadse, Andrew; John Fricker [1991]:** Anreize und Pfade zur lernenden Organisation, in: Thomas Sattelberger (Hrsg.) Die lernende Organisation - Konzepte für eine neue Qualität der Unternehmensentwicklung, Wiesbaden: Gabler, S.68-78

**Kappler, Ekkehard [1980]** (Hrsg.): Unternehmensstruktur und Unternehmensentwicklung, Freiburg i.B.: Romboch & Co

**Kasper, Helmut [1990]:** Die Handhabung des Neuen in organisierten Sozialsystemen, Berlin [u.a.]: Springer

**Kieser, Alfred; Herbert Kubicek [1978]:** Organisationstheorien 2: Wissenschaftstheoretische Anforderungen und kritische Analyse klassischer Ansätze, 2. Aufl. Berlin; Köln; Mainz: Kohlhammer Verlag

**Kieser, Alfred; Herbert Kubicek [1992]:** Organisation, 3. Aufl. Berlin, New York: de Gruyter

**King, A.; B. Schneider [1991]:** Die Globale Revolution. Ein Bericht des Rates des Club of Rome, Hamburg

**Kirsch Werner; Werner M. Eser; Eduard Gabele [1978]:** Reorganisation: Theoretische Perspektive des geplanten organisatorischen Wandels, München: Planungs- und organisationswissenschaftliche Schriften

**Kirsch, Werner [1971]:** Entscheidungsprozesse, 1. Band, 2. Aufl. Wiesbaden: Gabler

**Kirsch, Werner [1987]:** Unternehmenspolitik, 1. Fassung der Neuauflage eines unveröffentlichten Arbeitspapiers, München

**Kirsch, Werner [1990]:** Unternehmenspolitik und strategische Unternehmensführung, München

**Kirsch, Werner; Knyphausen, Dodo zu [1991]:** Unternehmungen als "auto-poetische" Systeme? In: Thomas Sattelberger (Hrsg.) Die lernende Organisation - Konzepte für eine neue Qualität der Unternehmensentwicklung, Wiesbaden: Gabler, S. 75-102

**Kirsch, Werner; Werner M. Esser; Eduard Gabele [1979]:** Das Management des geplanten Wandels, Stuttgart

**Kiss, Gábor [1986]:** Grundzüge und Entwicklung der Luhmannschen Theorie, Stuttgart: Enke

**Klimecki, Rüdiger; Gilbert J.B. Probst [1990]:** Entstehung und Entwicklung der Unternehmenskultur, in: Lattmann, C. (Hrsg.): Die Unternehmenskultur, Heidelberg, S. 41-65

**Klimecki, Rüdiger; Gilbert J.B. Probst; Peter Eberl [1991]:** Systementwicklung als Managementproblem, in: Staehle, Wolfgang H. und Jürgen Sydow: Managementforschung 1, Berlin, New York: Walter de Gruyter, S. 103-162

**Klimecki, Rüdiger; Gilbert J.B. Probst; Peter Eberl [1994]:** Entwicklungsorientiertes Management, Stuttgart: Schäffer-Poeschel

**Klix, Friedhart [1973]:** Lernende Systeme, Berlin: Deutscher Verlag der Wissenschaft

**Klix, Friedhart [1979]:** Information und Verhalten: Kybernetische Aspekte der organismischen Informationsverarbeitung; Einführung in naturwissenschaftliche Grundlagen der allgemeinen Psychologie, 4. Aufl. Bern [u.a.]: Huber

**Knyphausen, D. zu [1988]:** Unternehmungen als evolutionsfähige Systeme. Überlegungen zu einem evolutionären Konzept für die Organisationstheorie, München

**Kosiol, Erich [1976]:** Organisation der Unternehmung, 2. Aufl. Wiesbaden: Gabler

**Lievegoed, Bernardus C.J. [1974]**: Organisation im Wandel: die praktische Führung sozialer Systeme in der Zukunft, Stuttgart: Haupt

**Link, Jochen; Marx Krimhilde [1975]**: Das Problem der Systemtheorie - Der Ansatz von Niklas Luhmann und seine politischen Folgen, Gießen: Focus-Verlag

**Lochstampfer, Peter [1974]**: Systemorientierte Betriebsorganisation, Ein praxisnahes Lehrbuch zur Gestaltung betrieblicher Systeme, München: Vahlen Verlag

**Luhmann, Niklas [1968]**: Zweck-Herrschafts-System; Grundbegriffe und Prämissen Max Webers, in: Renate Mayntz [1963] (Hrsg.): Bürokratische Organisation, S. 36-55

**Luhmann, Niklas [1973]**: Zweckbegriff und Systemrationalität: über die Funktion von Zwecken in sozialen Systemen, Frankfurt a.M.: Suhrkamp

**Luhmann, Niklas [1978]**: Organisation und Entscheidung, Opladen: Westdeutscher Verlag

**Luhmann, Niklas [1988]**: Die Wirtschaft der Gesellschaft, Frankfurt a.M.: Suhrkamp

**Luhmann, Niklas [1991]**: Soziale Systeme: Grundriss einer allgemeinen Theorie, 4. Aufl. Frankfurt a. M.: Suhrkamp

**Lutz, Christian [1991]**: Kommunikation - Kern der Selbstorganisation: Unternehmensführung im Informationszeitalter, in: Sattelberger, Thomas: Die Lernende Organisation. Konzepte für eine neue Qualität der Unternehmensentwicklung. Wiesbaden: Gabler, S. 97-109

**Macke, Gerd [1978]**: Lernen als Prozess, Weinheim und Basel: Haupt

**Mann, Rudolf [1993]**: Die fünfte Dimension in der Führung: Quelle für Produktivität und Kreativität im Unternehmen, Düsseldorf; Wien; New York; Moskau: Econ

**March, J.G.; J.P. Olsen [1976]**: Ambiguity and choice in organizations, Bergen [u.a.]: Universitätsvorlage

**Maslow, A.H. [1954]**: Motivation and Personality, New York.

**Maturana, Humberto R.** [1982]: Erkennen: Die Organisation und Verkörperung von Wirklichkeit, Braunschweig; Wiesbaden: Vieweg

**Maturana, Humberto R.; Francisco J. Varela [1987]:** Der Baum der Erkenntnis. Wie wir die Welt durch unsere Wahrnehmung erschaffen - die biologischen Wurzeln des menschlichen Erkennens, Bern; München; Wien: Goldmann

**Mayntz, Renate [1963]** (Hrsg.): Bürokratische Organisation, Köln, Berlin: Kiepenhauer und Witsch

**McGregor, D. [1970]:** Der Mensch im Unternehmen, Düsseldorf: Econ Verlag

**Meadows, D. [1972]:** Die Grenzen des Wachstums, Stuttgart: DVA

**Metzner, Andreas [1993]:** Probleme sozio-ökologischer Systemtheorie: Natur und Gesellschaft in der Soziologie Luhmanns, Opladen: Westdeutscher Verlag

**Meyers Lexikon [1983]** in drei Bänden, Mannheim; Wien; Zürich: Bibliographisches Institut

**Miller, M, [1986]:** Kollektive Lernprozesse. Studien zur Grundlegung einer soziologischen Lerntheorie, Frankfurt: Suhrkamp

**Montada, Leo; Jean Piaget [1970]:** Lernpsychologie Jean Piagets, Stuttgart: Klett

**Mueller, U. [1982]:** Die Entwicklung des Denkens: Entwicklungspsychologische Modelle in Psychologie und Soziologie, Darmstadt [u.a.]: Luchterhand

**Müller, Verena; Gerd Schienstock [1978]:** Staatliche Innovationspolitik, in: Der Innovationsprozess in westeuropäischen Industrieländern, Bd. 1. Berlin-München: Duncker und Humbolt

**Müller-Stewens, G.; Gunnar Pautzke [1991]:** Führungskräfteentwicklung und organisatorisches Lernen, in: Sattelberger, Thomas: Die Lernende Organisation. Konzepte für eine neue Qualität der Unternehmensentwicklung, Wiesbaden: Gabler, S. 185-205

**Mussen, Paul H.** [1981]: Einführung in die Entwicklungspsychologie, 7. Aufl. München: Juventa-Verlag

**Oechsler, Walter A.** [1987]: Personal und Arbeit: Einführung in die Personalwirtschaft, 2. Aufl. München [u.a.]: Oldenbourg

**Oerter, R.** [1965]: Moderne Entwicklungspsychologie, Donauwörth: Ludwig Verlag

**Pautzke, Gunnar** [1989]: Die Evolution der organisatorischen Wissensbasis-Bausteine zu einer Theorie des organisatorischen Lernens, München: Kirsch

**Pawlowsky, Peter** [1994]: Wissensmanagement in der lernenden Organisation, (Unveröffentlichte Habil.) Paderborn

**Pedler, Mike; Tom Boydell; John Burgoyne** [1991]: Auf dem Weg zum "Lernenden Unternehmen", in: Sattelberger, Thomas [1991]: Die lernende Organisation: Konzepte für eine neue Qualität der Unternehmensentwicklung, Wiesbaden: Gabler, S. 58-65

**Pedler, Mike; Tom Boydell; John Burgoyne** [1994]: Das lernende Unternehmen, Potentiale freilegen-Wettbewerbsvorteile sichern, Frankfurt a.M., New York: Campus

**Perich, Hubert** [1993]: Unternehmensdynamik - Zur Entwicklungsfähigkeit von Organisationen aus zeitlich -dynamischer Sicht. St. Galler Beiträge zum integrierten Management, Bern [u.a.]: Haupt

**Peters, Tom G.; R.M. Waterman** [1982]: In search of Excellence, New York

**Pfriem, Reinhard** [1995]: Unternehmenspolitik in sozialökologischen Perspektiven, Marburg: Metropolis-Verlag

**Piaget, Jean** [1973]: Einführung in die genetische Erkenntnistheorie, Frankfurt a.M.: Suhrkamp

**Probst, Gilbert J. B.; Bettina Büchel** [1994]: Organisationales Lernen, Wiesbaden: Gabler

**Probst, Gilbert J.B.; Siegwart, H.** [1985] (Hrsg.): Integriertes Management, Bern [u.a.]: Haupt

**Reber, G. [1992]**: Stichwort: Organisationales Lernen, in: Frese, Erich [1992] (Hrsg.): Handwörterbuch der Organisation, 3.Aufl. Stuttgart: Poeschel

**Roth, Heinrich [1967]**: Pädagogische Psychologie des Lehrens und Lernens, 10. Aufl. Hannover [u.a.]: Schroedel

**Rüegg, J [1989]**: Unternehmensentwicklung im Spannungsfeld von Komplexität und Ethik, (Diss.) St. Gallen

**Sattelberger, Thomas [1991]**: Die lernende Organisation: Konzepte für eine neue Qualität der Unternehmensentwicklung, Wiesbaden: Gabler

**Schanz, Günter [1977]**: Grundlagen der verhaltensorientierten Betriebswirtschaftslehre, Tübingen

**Schanz, Heinrich [1979]**: Betriebliches Ausbildungswesen, Wiesbaden: Gabler

**Schein, Edgar [1980]**: Organisationspsychologie, Wiesbaden: Gabler

**Schiefele, Hans [1974]**: Lernmotivation und Motivlernen: Grundzüge einer erziehungswissenschaftlichen Motivationslehre, München: Ehrenwirth

**Schreyögg, Georg [1978]**: Umwelt, Technologie und Organisationsstruktur: Eine Analyse des kontingenztheoretischen Ansatzes, Stuttgart: Haupt

**Schreyögg, Georg [1980]**: Organisationsentwicklung als Antwort auf Umweltzwänge? Unveröffentlichtes Manuskript, Nürnberg

**Schwarzer, Christine und Ralf [1980]**: Gestörte Lernprozesse, München [u.a.]: Urban u. Schwarzenberg

**Scott, R. [1986]**: Grundlagen der Organisationstheorie, Frankfurt a.M.: Campus

**Segler, T. [1985]**: Die Evolution von Organisationen, Frankfurt a.M.: Campus

**Seiler, Thomas B.** [1973] (Hrsg.): <u>Kognitive Strukturarbeit:</u> Theorien, Analysen, Befunde, Stuttgart [u.a.]: Kohlhammer

**Semmel, Markus [1984]:** <u>Die Unternehmung aus evolutionstheoretischer Sicht,</u> Bern [u.a.]: Haupt

**Senge, Peter M.** [1990]: <u>The fifth discipline: the art and practice of the learning organization,</u> New York: Doubleday Dell Publishing Group

**Sievers, B [1977]** (Hrsg.): <u>Organisationsentwicklung als Problem,</u> Stuttgart: Klett-Cotta

**Staehle, Wolfgang H.** [1973]: <u>Organisation und Führung sozio-technischer Systeme</u> - Grundlagen einer Situationstheorie, Stuttgart: Enke-Verlag

**Staehle, Wolfgang H.** [1991]: <u>Management</u> - Eine verhaltenswissenschaftliche Perspektive, 6. Aufl. München: Vahlen

**Staehle, Wolfgang H.; J. Sydow [1991]:** <u>Managementforschung 1,</u> Berlin, New York: Walter de Gruyter

**Staehle, Wolfgang H.; J. Sydow [1992]:** <u>Stichwort: Management-Philosophie,</u> in: Frese, Erich (Hrsg.): Handwörterbuch der Organisation, 3.Aufl. Stuttgart: Poeschel, S. 1286-1302

**Stam, J.A. [1985]:** <u>Wie Organisationen lernen,</u> in: Park, S.J., U. Jürgens, H.P. Merz [1985] (Hrsg.): Transfer des japanischen Managementsystems, Berlin

**Staw, B. M. [1979]** (Hrsg.): <u>Research in Organizational Behaviour,</u> Vol 1, Greenwich (Conn.)

**Steinle, Claus [1985]:** <u>Organisation und Wandel:</u> Konzepte-Mehr-Ebenen-Analyse (NEA)-Anwendungen, Berlin; New York: de Gruyter

**Taylor, Frderick W.** [1919]: <u>Die Grundsätze wissenschaftlicher Betriebsführung,</u> 2. Aufl. München, Berlin: Oldenbourg (zuerst erschienen 1911)

**Teigeler, Peter [1972]:** <u>Satzstruktur und Lernverhalten,</u> Bern [u.a.]: Huber

**Teubner, Gunther [1987]:** <u>Hyperzyklus in Recht und Organisation - Zum Verhältnis von Selbstbeobachtung, Selbstkonstitution und Autopoiese,</u> in: Haferkamp, Hans; Michael Schmid (Hrsg.): Sinn, Kommunikation und soziale Differenzierung - Beiträge zu Luhmanns Theorie, 1. Aufl. Frankfurt a.M.: Suhrkamp, S.89-128

**Türk, Klaus [1989]**: Neue Entwicklungen in der Organisationsforschung, Ein Trend-Report, Stuttgart: Enke

**Ulrich, Hans [1970]**: Die Unternehmung als produktives soziales System, Grundlagen der allgemeinen Unternehmungslehre, 2. Aufl. Bern, Stuttgart: Haupt

**Ulrich, Hans [1976]** (Hrsg.): Zum Praxisbezug der Betriebswirtschaftslehre, Bern, Stuttgart: Haupt

**Ulrich, Hans [1984]**: Management, in: Dyllick, Thomas; Gilbert J.B. Probst (Hrsg.): Schriftenreihe Unternehmung und Unternehmensführung; Bd. 13; Bern: Haupt

**Ulrich, Peter [1971]**: Der systemtheoretische Ansatz der Betriebswirtschaftslehre, in: Kortzfleisch, Gert v. [1971] (Hrsg.): Wissenschaftsprogramm und Ausbildungsziel der Betriebswirtschaftslehre, Bericht von der wissenschaftlichen Tagung in St. Gallen. Berlin: Duncker und Humblot

**Ulrich, Peter; Edgar Fluri [1992]**: Management, 6. Aufl. Bern, Stuttgart: Haupt

**Ulrich, Peter; Gilbert J.B. Probst [1991]**: Anleitung zum ganzheitlichen Denken und Handeln: ein Brevier für Führungskräfte, 3. Aufl. Bern, Stuttgart: Haupt

**Ulrich, Peter; Ulrich Thielemann [1992]**: Ethik und Erfolg: unternehmensethische Denkmuster von Führungskräften; eine empirische Studie, Bern, Stuttgart: Haupt

**Vester, Frederik [1982]**: Denken, Lernen, Vergessen. Was geht in unserem Kopf vor, wie lernt das Gehirn und was lässt uns im Stich, 8. Aufl. Stuttgart: Deutsche Verlagsanstalt

**Wagner, Götz [1981]**: Lernprozesse als Anpassungsmechanismen organisatorischer Systeme, (Diss.) TU Berlin

**Watson, G. [1975]**: Widerstand gegen Veränderungen, in: Bennis, Warren G. ; K.D. Benne ; R. Chin (Hrsg.): Änderung des Sozialverhaltens, Stuttgart: Klett, S. 415-429

**Watzlawick, Paul [1981]**: Die erfundene Wirklichkeit: Wie wissen wir, was wir zu wissen glauben? Beitrag zum Konstruktivismus, München [u.a.]: Piper

**Watzlawick, Paul; Janet H. Beavin; D.D. Jackson [1969]**: Menschliche Kommunikation. Formen, Störungen, Paradoxien, Bern [u.a.]: Huber

**Wehrmann, Hans [1995]**: System- und evolutionstheoretische Betrachtung der Organisationsentwicklung, Frankfurt a.M.: Lang Verlag

**Weidner, Walter. [1984]**: Organisation der Unternehmung, Aufbau- und Ablauforganisation: Methoden und Techniken der praktischen Organisationsarbeit, 2. Aufl. München, Wien: Hanser

**Willke, Helmut [1992]**: Beobachtung, Beratung und Steuerung von Organisationen in systemtheoretischer Sicht, in: Wimmer, Rudolf (Hrsg.): Organisationsberatung, Wiesbaden: Gabler, S. 15-42

**Willke, Helmut [1993]**: Systemtheorie: Eine Einführung in die Grundprobleme der Theorie sozialer Systeme, 4. Aufl. Stuttgart, Jena: Fischer (UTB)

**Willke, Helmut [1994]**: Systemtheorie 2: Interventionstheorie: Grundzüge einer Theorie der Intervention in komplexe Systeme, Stuttgart; Jena: Fischer (TB) Verlag

**Wimmer, R. [1992]**: Zur Eigendynamik komplexer Organisationen. Sind Unternehmen mit hoher Eigenkomplexität noch steuerbar? in: Fatzer, Gerhard (Hrsg.): Organisationsentwicklung für die Zukunft – Ein Handbuch, Köln: Ed. Humanistische Psychologie

**Wimmer, Rudolf [1992]** (Hrsg.): Organisationsberatung. Neue Wege und Konzepte, Wiesbaden: Gabler.

**Wolff, R. [1982]**: Der Prozess der Organisation. Zu einer Theorie des organisationalen Lernens, Spardorf

**Zeiher, H. [1982]** (Hrsg.): Lernen und Verhalten, 2. Bd. Weinheim, Basel: Haupt

**Zürn, Brigitte [1994]**: Konzeption eines interaktiven Lernsystems zur Aufstellung des Jahresabschlusses, (Diss.) Bamberg

## B. Hier Verwendete Fachzeitschriften, Fachartikel

**Berg, Claus C. [1979]**: Darstellung und Kritik traditioneller Organisationstechniken, Wirtschaftswissenschaftliches Studium, 8. Jg.

**Boehm, Ulrich [1994] (Redaktionsleitung)**: Gehirn und Bewusstsein-Zukunftswege der Hirnforschung, Script zum Dokumentarfilm des Westdeutschen Fernsehens (Redaktion Philosophie) von Gert Scobel, Sendung v. 13.02.1994

**Braunschweiger Zeitung [1995]**: Wirtschaft entdeckt Erfolgsfaktor Unternehmenskultur, vom 16.09.1995, S. 7

**Dierkes, Meinholf [1994]**: Ständige Anpassung und Weiterentwicklung, in: Frankfurter Zeitung – Blick durch die Wirtschaft vom 12.01.1994, S. 7

**Dodgson, Mark. [1993]**: Organizational Learning: A Review of some Literature, in: Organization Studies 1993, 14/3, S. 375-394

**Dörler, Karl [1983]**: Zum Begriff der Organisation, in: Die Unternehmung, 37 Jg. 1983, 2, S. 152-165

**Dörner, Dietrich [1993]**: Denken und Handeln in Unbestimmtheit und Komplexität, in: GAIA 2 Nr.3, S. 128-138

**Egger-List, Marianne und Peter [1993]**: Mit Management-Coaching zur lernenden Organisation, in: Io Management-Zeitschrift 62/1993 Nr. 6, S.79-82

**Fischbach, Gerald D. [1992]**: Gehirn und Geist, In Spektrum der Wissenschaft 1992, S. 30-41

**Garvin, David A. [1994]**: Building a learning Organization, dt. in: Harvard Manager, 1. Quartal 1994, S. 74-85

**Goldmann-Rakic, Patricia S. [1992]**: Das Arbeitsgedächtnis, in: Spektrum der Wissenschaft 1992, S. 94-102

**Grap, Rolf [1995]**: Von der Gruppenarbeit zur lernenden Organisation, in: io Management Zeitschrift Nr. 64, S. 75-79

**Hallay, Hendric; Reinhard Pfriem [1994]**: Lernen zu lernen zu lernen..., in: IÖW Informationsdienst Nr. 3-4. Jg. 9, S.1-3

**Huber, Georg P. [1991]**: Organizational Learning: The Vontributing Process and the Literatures, in: Organization Science, 2 [1991], S. 88-115

**Kandel, Eric R.; Robert D. Hawkins [1992]**: Modulare Grundlagen des Lernens, in: Spektrum der Wissenschaft, S. 66-76.

**Kieser, Alfred [1971]**: Zur wissenschaftlichen Begründbarkeit von Organisationstrukturen, in: ZfO, 40. Jg., S. 239-249

**Kühne, Alexander [1995]**: Benchmarking. Ein Mittel zur Leistungssteigerung, in: ZfB. Ergänzungsheft Nr. 2, Business Process Reengineering. Wiesbaden: Gabler, S. 41-47

**Mahoney, Joseph T. [1995]**: The Management of Resources and the Resource of Management, in: Journal of Business Research Nr. 33, S.91-101

**Nonaka, Ikujiro [1991]**: The Knowledge-Creating Company, in: Harvard Business Review, November-December, S. 97

**Probst, Gilbert J. B.; H. Naujoks, [1993]**: Autonomie und Lernen im entwicklungsorientierten Management, in: Zeitschrift für Führung und Organisation, 2. Jg. Dezember

**Schreyögg, Georg; Christian Noss [1995]**: Organisatorischer Wandel: Von der Organisationsentwicklung zur lernenden Organisation, in: Die Betriebswirtschaft 55 Jg. Heft 2, S.169-185

**Senge, Peter [1990]**: The leaders new works, in: Sloawn Management Review Herbst 1990, S. 7-23

**Senkel, K.; D.W. Tress [1987]**: Organisationsentwicklung, Strategie zur Entwicklung organisatorischer Kompetenz, in: ZfO, 3;1987, S. 179-184

**Shrivastava, P.A. [1983]**: Typology of Organizational Learning Systems, in: Journal of Management Studies. Vol. 20, 1983, S.7-28

**Sieben, G.; A. Woll [1995]** (Hrsg.): Neue Grenzen des Wachstums? in: Das Wirtschaftsstudium (WISU), Zeitschrift für Ausbildung, Examen und Ausbildung, Nr.8-9, S. 672

**Sievers, B.; K. Trebesch [1980]**: Bessere Arbeit durch OE - Offenheit und Effizienz, Konzepte und Methoden des geplanten sozialen Wandels, in:

Psychologie heute, Nr. 6, S. 49-56

**Simon, H. [1991]**: Bounded rationality and organizational learning, in: Organization science 2/1, S.125-134

**Szyperski, N. [1969]**: Interdependenz und Komplexität von Anpassung- und Lernaufgaben der Unternehmung, in: ZfO 38, S. 54-60

**Thoma, Günther [1995]**: Projekt- und Lernkultur sind in Unternehmen Fremdwörter, in: Computerwoche Nr. 38 vom 22.09.1995, S. 43-46

**Zuberbühler, Max [1995]**: Die lernende Organisation - der radikale Weg zur Überwindung der Bürokratie, in: io Management Zeitschrift Nr. 64, S. 80-83

www.ingramcontent.com/pod-product-compliance
Lightning Source LLC
Chambersburg PA
CBHW020839210326
41598CB00019B/1949